Isabel García

# ICH REDE

Isabel García

# ICH REDE

## Kommunikationsfallen und wie man sie umgeht

mvgverlag

Bibliografische Information der Deutschen Nationalbibliothek
Die Deutsche Nationalbibliothek verzeichnet diese Publikation in der Deutschen Nationalbibliografie; detaillierte bibliografische Daten sind im Internet über http://d-nb.de abrufbar.

**Für Fragen und Anregungen:**
info@mvg-verlag.de

1. Taschenbuchausgabe 2019


ein Imprint der Münchner Verlagsgruppe GmbH
Nymphenburger Straße 86
D-80636 München
Tel.: 089 651285-0
Fax: 089 652096



Redaktion: Andreas Ehrlich, Dießen
Umschlaggestaltung: Manuela Amode, München
Umschlagabbildung: Julia Grudda
Satz: JournalMedia GmbH, Poing
Druck: CPI books GmbH, Leck
Printed in Germany

ISBN Print 978-3-7474-0071-5
ISBN E-Book (PDF) 978-3-96121-402-0
ISBN E-Book (EPUB, Mobi) 978-3-96121-403-7

*Weitere Informationen zum Verlag finden Sie unter*

www.mvg-verlag.de

Beachten Sie auch unsere weiteren Verlage unter www.m-vg.de.

# Inhalt

# Vorwort

**Liebe Leserin, lieber Leser,**
falls Sie in diesem Buch jemals den Satz finden »Sie müssen dies oder jenes so machen!«, dann dürfen Sie mir sofort einen bösen Leserbrief schreiben. Denn gerade das Thema Rhetorik sorgt bei vielen für heftiges Kopfschütteln und Augenverdrehen, weil es eine Menge Trainer gibt, die mit diesem Satz häufig um sich werfen. Fakt aber ist: Sie müssen gar nichts! Sie haben dieses Buch gekauft, weil Sie hinsichtlich Ihrer rhetorischen Fähigkeiten (vermutlich) nicht zufrieden sind, weil es Sie ärgert, dass Sie manchmal nicht zu Wort kommen oder von einem Schaumschläger an die Wand geredet werden – und ich werde Ihnen Möglichkeiten aufzeigen, das zu ändern. Dabei handelt es sich aber stets um Vorschläge und nicht um Vorschriften. Welche dieser Vorschläge und Tipps Sie letztlich annehmen und umsetzen, entscheiden Sie ganz allein. Also, lesen Sie sich in Ruhe alles durch, probieren Sie es aus, und entscheiden Sie dann, was davon für Sie persönlich gut funktioniert, was zu Ihnen passt und – ganz wichtig – womit Sie sich wohlfühlen.

Natürlich hoffe ich, dass das möglichst viel sein wird, aber Sie brauchen überhaupt kein schlechtes Gewissen zu haben, wenn Sie an der einen oder anderen Stelle sagen: »Das ist nichts für mich!« Denn in meinen Augen gibt es keinen schlechteren Redner als denjenigen, dem man anmerkt, dass er diverse Rhetorikseminare besucht und die Regeln einfach auswendig gelernt hat. Wenn ich nur noch einen Roboter am Rednerpult sehe und höre, der mich mit einstudierten Gesten und Effekten langweilt, dann verlasse ich häufig schnell wieder den Saal. Ich muss mich ja dann fragen, wie individuell seine Inhalte sein können, wenn er schon bei der Körpersprache auf das sprichwörtliche Schema F zurückgreift. Da ist mir ein Redner, der keine Ahnung von Rhetorik hat und »nach Gefühl« redet, hundertmal lieber. Übrigens: Versuchen Sie nicht, perfekt zu werden, denn eine perfekte Rede ist langwei-

lig! Selbst erfolgreiche Moderatoren pflegen ihre kleinen Macken. Wenn ich früher meine Moderationen ausgearbeitet habe, habe ich bewusst auch mal ein »Äh« mit hineingeschrieben (siehe Seite 99). Ich habe mir zudem ein Zeichen an der Stelle, gemacht, wo ich mich dann später versprechen oder wo ich nachdenken werde. Ich wollte, dass die Radiohörer mich als die nette Frau von nebenan betrachten und nicht als einen Star oder eine perfekt sprechende Barbiepuppe. Von denen lässt man sich nämlich nicht so gern die Wetterprognose erzählen – aber umso lieber von jemandem, der so wirkt, als sei er »einer von uns«.
An dieser Stelle kommt häufig der Einwand: »Aber ich muss mich doch perfekt vorbereiten ...« Dagegen sage ich nichts. Bereiten Sie wichtige Termine so gut wie möglich vor. Doch sobald Sie im Gespräch sind beziehungsweise Ihre Präsentation halten, konzentrieren Sie sich nur auf sich. Jeder Mensch hat Ecken und Kanten, und jeder ist anders. Deshalb will dieses Buch Ihnen auch nicht helfen, perfekt zu werden, sondern auf eine authentische Art zu überzeugen. Daher an dieser Stelle nochmals:
Bitte nehmen Sie nur die Tipps und Anregungen an, bei denen Sie ein gutes Gefühl haben und von denen Sie glauben, dass sie zu Ihnen und Ihrer Persönlichkeit passen.
Im Mittelpunkt stehen in den folgenden Kapiteln die Grundlagen der Kommunikation. Doch keine Sorge: Auch wenn Sie schon »Rhetorikerfahrung« gesammelt haben, werden Sie hier trotzdem viel Neues finden. Denn in so manchem Seminar wird, bildlich gesprochen, ein wunderschönes Haus errichtet, dem jedoch das Fundament fehlt. Deshalb fangen wir ganz simpel mit den Grundlagen an, bauen also erst einmal den Keller und ein schönes Erdgeschoss. Wenn Sie sich danach noch für weitere Aspekte der Rhetorik interessieren, dann können Sie diese ohne Probleme »anbauen« (entsprechende Literaturempfehlungen finden Sie am Ende des Buches). Selbst ein Wolkenkratzer kann von einer guten Basis locker gehalten werden – Ihrem Wissensdurst sind also kei-

ne Grenzen gesetzt. Fühlen Sie sich aber schon mit diesen Grundlagen wohl, dann bleiben Sie einfach im Erdgeschoss wohnen.
Nun noch kurz ein paar Worte zum Aufbau des Buches: In der Einleitung werde ich Ihnen ein paar Funktionsweisen unseres Gehirns erklären, auf die ich mich im gesamten Buch immer wieder beziehen werden. Daher ist dieser Abschnitt sehr wichtig, auch wenn Sie vielleicht im ersten Moment das Gefühl haben, dass das eigentlich nichts mit dem Thema »Reden« zu tun hat. Danach folgen die einzelnen Aspekte, auf die Sie in Ihrem Kommunikationsalltag achten können. Dabei gilt: Selbst wenn Sie all das interessant finden und die Tipps sofort in die Tat umsetzen möchten, sollten Sie nicht alles auf einmal angehen. Das hätte einen ähnlichen Effekt wie die guten Vorsätze zu Silvester: Die Euphorie wird schnell verschwinden, und irgendwann verlieren Sie komplett die Lust. Wenn Sie also beim Lesen merken, dass Sie an einem bestimmten Aspekt unbedingt arbeiten möchten, dann hören Sie einfach auf zu lesen – und zwar so lange, bis Sie diesen Punkt zu Ihrer Zufriedenheit umgesetzt haben. Erst dann sollten Sie wieder zum Buch greifen und sich dem nächsten Kapitel widmen.
Zu diesem Buch gibt es einen Audio-Download mit Beispielen. Das sollte Sie aber nicht dazu verleiten, gleich mit dem Download anzufangen, da alle dazugehörenden Erläuterungen nur im Buch zu finden sind. Die Audio-Dateien sind also nur eine Unterstützung zum geschriebenen Wort, und ich weise im Buch explizit darauf hin, wenn Sie passend zum jeweiligen Thema etwas im Download finden. Die Dateien finden Sie unter http://www.m-vg.de/link/ichrede.
Sollten Fragen offenbleiben oder Sie Anregungen haben, können Sie mir jederzeit gern einen Brief oder eine E-Mail schicken. Ich freue mich auf Ihre Post und sage schon jetzt: herzlichen Dank. Und nun viel Spaß beim Lesen und Hören!

Ihre
Isabel García

# Anleitung für den Audio-Download

Beim Schreiben fiel mir manchmal auf, dass ich ein Beispiel gerne verdeutlichen würde, indem ich es vormache. Und genau diese Beispiele finden Sie unter folgendem Link: http://www.m-vg.de/link/ichrede. Es ist kein Hörbuch, das sich selbst erklärt, daher würde es Sie verwirren, wenn Sie zu Beginn gleich die Audio-Dateien herunterladen und durchhören würden. Sehen Sie das Hörmaterial vielmehr als Begleitung zum Buch mit konkreten Beispielen, auf die ich Sie im Buch hinweise. Wenn Sie im Buch lesen »... hören Sie dazu Track 1«, dann hören Sie sich sich dieses eine kurze Beispiel an. Jeder Track kann online gehört werden oder als MP3-Datei heruntergeladen werden.

Als Bonus haben wir vom Hörbuch *Ich rede* $^2$*. Spontan und humorvoll in täglichen Kommunikationssituationen* die ersten beiden Kapitel in den Download gepackt. Diese sind in sich abgeschlossen und ungekürzt. Viel Spaß beim Hören!

## Über den Audio-Download finden Sie folgenden Inhalte:

### Kommunikationsfalle Satzmelodie

Track 1: Urlaubsbericht, Buch Seite 32
Track 2: Wochenendschilderung, Buch Seite 32
Track 3: Langsam vs. schnell sprechen, Buch Seite 36
Track 4: Möglichkeiten der Betonung, Buch Seite 37

## Die Kunst der Pausen

Track 5: Radiomoderator, Buch Seite 43
Track 6: Der perfekte Sonntag ohne Pausen, Buch Seite 45
Track 7: Der perfekte Sonntag mit Pausen, Buch Seite 45

## So atmen Sie richtig

Track 8: Einatmen vor einer Aufgabe, Buch Seite 63
Track 9: Lampenfieber durch Einatmen, Buch Seite 63

Track 10: Körperspannung beeinflusst Stimme, Buch Seite 67
Track 11: Emotionen beim Reden, Buch Seite 74
Track 12: Emotionen beim Singen, Buch Seite 75
Track 13: Redner verteilt Küsschen, Buch Seite 77

## Welcher Kommunikationstyp sind Sie?

Track 14: Feuer, Buch Seite 133 und 146
Track 15: Erde, Buch Seite 136 und 146
Track 16: Luft, Buch Seite 138 und 146
Track 17: Wasser, Buch Seite 141 und 146

## Bonusmaterial aus dem Hörbuch „Ich rede $^{2}$. Spontan und humorvoll in täglichen Kommunikationssituationen"

Track 18: Einleitung
Track 19: Die Kunst der Angebote (Grundlagen spontaner und flexibler Kommunikation)

# Denkhirn versus Neandertalerhirn

Stark vereinfacht, besteht unser Gehirn aus zwei Bereichen. Einer davon ist der moderne Teil, den ich das Denkhirn nenne. Dabei handelt es sich um eine gigantische, unglaublich leistungsfähige Datenbank, in der alles abgespeichert ist, was Sie jemals gelernt haben – und auch sämtliche Beziehungen, die Sie jemals geführt haben, sind dort mitsamt den dazugehörigen Emotionen verzeichnet. Diese Datenbank ist zuständig für das »Produzieren« und Verstehen von Sprache, das Analysieren von Situationen, das Schmieden von Plänen und, und, und ... Kurz: Das Denkhirn ist, wiederum stark vereinfacht ausgedrückt, der Sitz dessen, was wir gemeinhin als Intelligenz bezeichnen.

Doch leider läuft diese absolut geniale Datenbank auf einem sehr, sehr alten Rechner. Können Sie sich noch an die Computer von vor 15 Jahren erinnern? Wenn ja, dann wissen Sie aus leidvoller Erfahrung bestimmt auch noch, was passiert ist, wenn man zu viele Programme gleichzeitig öffnen wollte. Richtig! Der Computer ist abgestürzt. Und genau das Gleiche passiert auch beim Denkhirn. Zu viele Informationen auf einmal bringen das Denkhirn zum Absturz, und Sie können nicht mehr auf Ihre Datenbank zugreifen.

Ein Beispiel: Nehmen wir an, Sie gehen in ein schönes Kaufhaus und möchten sich einen neuen Anzug kaufen. Sie wenden sich an einen Verkäufer, der Ihnen daraufhin gleich zehn schicke Modelle auf einmal zeigt. Ein grober Fehler, denn damit überfordert er Sie und vor allem Ihr Denkhirn! Die Folge: Ihr »Computer« gibt eine Fehlermeldung aus und fährt herunter. Ohne Ihre Datenbank aber können Sie keine Entscheidung mehr fällen, und so verlassen Sie das Kaufhaus unverrichteter Dinge wieder. Wenn der Verkäufer Glück hat, dann kommen Sie vielleicht am nächsten Tag noch einmal und geben ihm eine zweite Chance ...

Ähnlich ergeht es uns, wenn wir uns einen neuen Telefonanbieter suchen möchten. Die Tarife sind so kompliziert und unterschiedlich dargestellt, dass wir häufig nach kurzer Zeit wieder aufgeben und bei unserem alten Tarif beziehungsweise Anbieter bleiben. Es sei denn, Sie machen sich die Mühe und vereinheitlichen die Informationen und stellen sie in einer Übersicht gegenüber. Sobald Sie nämlich die Fülle an Informationen in eine sachliche Ordnung gebracht haben, kommt Ihr Denkhirn problemlos mit der Datenmenge zurecht.

Die Betonung liegt dabei auf »sachliche Ordnung«. Denn auch zu viele oder zu starke Emotionen bringen das Denkhirn zum Absturz. Wie häufig bereuen wir im Nachhinein Dinge, die wir während eines Streits gesagt haben? Wie häufig fallen uns die besten Argumente erst nach dem verbalen Angriff des Kollegen oder dem emotionsgeladenen Kundengespräch ein? Kein Wunder, denn sobald die Emotionen abflauen, können wir wieder auf unser Denkhirn zugreifen.

Mit anderen Worten: Zu viele Emotionen und zu viele Informationen sorgen dafür, dass unser Denkhirn »abstürzt«.

Aber was, werden Sie sich nun fragen, tritt an seine Stelle? Ganz einfach: das Neandertalerhirn. Ich nenne es so in Anlehnung an den Neandertaler-Effekt, den wir aus der Psychologie kennen (siehe auch Barbara Schott/Klaus Birker: »Kompetent verhandeln«). Das Neandertalerhirn ist sehr, sehr alt – es heißt auch Reptilienhirn – und dient nur einem Zweck: dem Überleben. Sobald es eine Situation als gefährlich einstuft, reagiert es im Bruchteil einer Sekunde: Herzschlag, Puls und Blutdruck erhöhen sich, um allen verfügbaren Sauerstoff schnellstmöglich in die Muskelbereiche zu transportieren, damit wir stärker und schneller werden. Gehör und Sehvermögen werden geschärft, während alle nicht überlebensnotwendigen Körperfunktionen wie beispielsweise die Verdauung oder das Immunsystem so weit wie möglich heruntergefahren werden, um keine Energie zu verschwenden. Auch das restliche Gehirn wird abgeschaltet, denn jetzt ist keine Zeit zu überlegen, ob der Schatten, den wir aus den Augenwinkeln wahrgenommen haben, wirklich eine Gefahr darstellt oder nicht. Jetzt gibt es nur noch drei Alternativen: Flucht, Totstellen oder Kampf. Das Totstellen wird allerdings oftmals »unterschlagen«, was vermutlich daran liegt, dass wir Menschen nicht so häufig darauf zurückgreifen wie die Tiere. Achten Sie einmal darauf, was passiert, wenn ein Hund auf einen aggressiven Rivalen trifft. Hat er die Möglichkeit zu fliehen, wird er das tun (Flucht), oder er wird verharren (Totstellen). Erst wenn diese beiden Optionen ausscheiden, wird er zum Kampf übergehen. Ein Hund an der Leine ist der ersten beiden Möglichkeiten von vornherein beraubt und wird daher immer kämpfen. Deshalb reagieren Hunde an der Leine aggressiver als frei laufende – aber das ist ein anderes Thema ...

Manchmal kann man das Verharren aber auch bei uns Menschen beobachten. Ich zum Beispiel habe eine extreme Spinnenphobie, und wenn ich eine große Spinne sehe, dann erstarre ich regelrecht. Ich bewege mich keinen Millimeter und rufe nach jemandem, der die Spinne dann (hoffentlich) aus dem Zimmer schafft.

*Tipp*

Sie brauchen das Neandertalerhirn übrigens auch beim Sport. Denn wenn Sie an einem 100-Meter-Lauf teilnehmen, dann wollen Sie nicht denken, Sie wollen vor den anderen ins Ziel kommen – und das so schnell wie möglich. Beobachten Sie einmal Profi-Sprinter, zum Beispiel bei den Weltmeisterschaften: Die atmen bewusst ein paar Züge in die Brust, aktivieren damit das Neandertalerhirn und werden dadurch tatsächlich schneller. Ein Marathonläufer hingegen wird den Teufel tun und das Neandertalerhirn aktivieren. Er braucht sein Denkhirn, um die 42 Kilometer zu schaffen – und auch dabei spielt die Atmung eine entscheidende Rolle. Mehr dazu finden Sie ab Seite 55.

## Flucht oder Angriff?

Bleiben wir also bei den beiden häufigsten Reaktionen: Flucht und Angriff – für unsere urzeitlichen Vorfahren, die in einer extrem feindlichen Umwelt lebten, sicher praktisch. Aber wann mussten Sie das letzte Mal um Ihr Leben kämpfen beziehungsweise rennen? (Ich hoffe, noch nie!) Und trotzdem reagiert unser Neandertalerhirn immer noch auf die gleiche Weise wie vor Tausenden von Jahren. Das ist einerseits natürlich gut, denn so stehen uns die beiden Verhaltensmuster im Notfall nach wie vor sofort zur Verfügung, andererseits blockiert es uns in vielen Situationen, in denen wir einen »klaren Kopf« dringend bräuchten. Wäre es da nicht schön zu wissen, wie Sie vom Neandertalerhirn zurück ins Denkhirn kommen, um wieder klar denken zu können, beziehungsweise wie Sie Ihren Gesprächspartner dorthin bekommen, damit er für Ihre Argumente wieder zugänglich wird? Denn solange das Neandertalerhirn beim anderen die Kontrolle hat, ist jedes Wort sinnlos.
Ein Beispiel: Oma Erna plündert ihren Sparstrumpf, um sich für die Hochzeit ihrer Enkelin etwas Schickes zum Anziehen zu kaufen. Sie geht in ein großes Kaufhaus, lässt sich ausführlich beraten und ersteht schließlich ein wunderschönes, sehr teures Kleid. Glücklich geht sie nach Hause und hängt erst einmal die Tüte mit dem Kleid an die Garderobe, weil sie zu erschöpft ist, um es gleich auszupacken. Am nächsten Morgen stellt sie fest, dass das Kleid leider etwas zerknittert ist. »Kein Problem«, denkt sie sich und fängt fröhlich an zu bügeln. Nebenbei läuft – wie

immer morgens um kurz nach neun – ihre Lieblingsserie »Rote Rosen«. Sie schaut vergnügt zu, bis ... plötzlich ... der Held seine Herzensdame verlässt. »Das kann der doch nicht machen«, denkt sich Oma Erna. »Er kann sie doch nicht verlassen!« Doch dann erschrickt sie noch mehr, weil ihr klar wird, dass sie vor lauter Spannung mit dem Bügeleisen minutenlang auf einer Stelle geblieben ist. Das Ergebnis: ein ziemlich unschöner und vor allem offensichtlicher Brandfleck! Der Schock ist groß, denn nun braucht sie ein neues Kleid, hat aber keinen zweiten Sparstrumpf. Daher scheint ihr ein Umtausch die einzige Lösung. Also legt sie sich eine Geschichte zurecht, wie sie beim Auspacken die verbrannte Stelle entdeckt hat, die sicherlich schon vorher da gewesen sein muss ...

Was meinen Sie: Kann Oma Erna noch auf ihr Denkhirn zugreifen, wenn sie zurück ins Kaufhaus geht und der Verkäuferin ihre Lügengeschichte auftischt? Bei all den Gefühlen (Angst, Anspannung, Wut, Schuld ...), die sie gerade empfindet, sicher nicht. Sie befindet sich definitiv im Neandertalerhirn und hat nun die Wahl zwischen Flucht und Angriff. Und da Flucht in diesem Fall keine Option ist – sie braucht dringend ein neues Kleid –, geht sie zum Angriff über. Kein Wunder also, dass Reklamationsgespräche häufig so unerfreulich ablaufen. Umso wichtiger ist, dass die Verkäuferin Oma Erna wieder ins Denkhirn zurückführt, denn erst dann kann sie mit ihr das Problem ausdiskutieren. Denken Sie daran: Ihr Gesprächspartner ist in solchen Situationen – auch wenn er/sie dank eines teueren Anzugs/Kostüms vielleicht nicht so aussieht – nur Neandertaler, der von seinen Urinstinkten getrieben wird.

## Wie redet man mit einem Neandertaler?

Ich könnte auch fragen: Wie redet man mit einem kleinen Kind, einem Hund oder einem Menschen, der kurz vor einem Nervenzusammenbruch steht? Überlegen Sie einmal, wie ein Arzt in einer Notfallsituation redet. Einer meiner Seminarteilnehmer, der als Arzt in einem Kinderkrankenhaus arbeitet, berichtete mir davon: Wenn es um verletzte Kinder geht, sind die Emotionen bei allen Beteiligten besonders groß. Er und die Belegschaft in der Notaufnahme wissen, dass gleich ein Notfall kommt, aber sie wissen noch nicht, wie schwer das Kind verletzt ist. Damit die Schwestern und Pfleger »funktionieren« und alle professionell ihre Arbeit tun, achtet er bei seinen Anweisungen auf ein paar Punkte:

- Er atmet ruhig.
- Er spricht mit einer tiefen Stimme.
- Er verwendet kurze Sätze und spricht auf Punkt, das heißt, er lässt die Stimme am Ende eines Satzes nach unten gehen, damit es nicht wie eine Frage klingt.
- Er bemüht sich, auch mittels seiner Körpersprache Ruhe auszustrahlen.
- Er versucht, sachlich zu bleiben.

Damit zeigt er – dem Team und gegebenenfalls auch den besorgten Eltern – deutlich, dass er Herr der Lage ist und alles im Griff hat. Würde er schnell sprechen, seine Anweisungen in Bandwurmsätze packen und noch dazu hektisch atmen, wäre er fachlich gesehen natürlich trotzdem ein guter Arzt. Ob ihn die anderen allerdings auch als solchen wahrnehmen, ihm genauso vertrauen und folgen würden, ist jedoch fraglich.

An diesem Beispiel sehen Sie deutlich, dass es nicht so sehr darauf ankommt, was Sie sagen, sondern vielmehr wie Sie es sagen. Einer Geo-Studie zufolge beeinflusst das Was Ihr Gegenüber zu gerade einmal 7 Prozent, das Wie hingegen zu 93 Prozent.

Wenn Sie so wie dieser Arzt mit einem Neandertaler reden, bekommen Sie die betreffende Person schnell wieder ins Denkhirn, in dem Inhalte und Argumente zählen. Natürlich wird die Art und Weise, wie Sie reden, auch im weiteren Gespräch eine wichtige Rolle spielen. Im Grunde führt uns die Frage, wie man mit einem Neandertaler redet, direkt zu den Grundregeln der Kommunikation und damit zu den häufigsten Fallen, in die viele von uns im Alltag regelmäßig tappen – und die wir im Folgenden etwas genauer betrachten wollen.

*Tipp*

Sie wollen wissen, ob Ihr Gegenüber die Wahrheit sagt? Dann achten Sie auf die oben genannten Punkte! Denn jemand, der nichts zu verbergen hat, redet sich nicht sprichwörtlich um Kopf und Kragen, sondern bringt seine Aussagen ruhig auf den Punkt. Er hat eine tiefe, entspannte Stimme und macht Pausen (und kann diese auch aushalten). Natürlich ist das keine Garantie, aber dennoch ein guter Anhaltspunkt, denn der- oder diejenige muss schon ein geübter »Profi-Lügner« sein, um sich derart gut unter Kontrolle zu haben.

Wenn Sie verstanden haben, wie Sie Ihr Gegenüber aus dem Neandertalerhirn herausholen können, dann wissen Sie auch, wie Sie es vermeiden können, selbst dort hineinzurutschen – und wenn es doch passiert, wie Sie wieder herauskommen.

# Kommunikationsfalle Wahrnehmung

»Bleiben Sie doch sachlich!« Diesen Satz haben Sie sicher schon eine Million Mal gehört (zumindest fühlt es sich so an), weil sich bei jeder neuen Wahrnehmung folgende Kettenreaktion in unserem Kopf abspielt:

Wahrnehmung → Interpretation → Gefühl

Dieser Prozess dauert nur Bruchteile einer Sekunde und läuft hauptsächlich unbewusst ab. Wir sehen etwas, interpretieren es und bekommen so ein Gefühl dafür (das wird dann oft auch Bauchgefühl genannt).
Handelt es sich dabei um ein positives Gefühl, ist es in der Regel nicht weiter schlimm, wenn wir im Neandertalerhirn landen. (Sie erinnern sich: Bei zu vielen oder sehr starken Emotionen quittiert Ihr Denkhirn seinen Dienst und fährt herunter ...) Wir sind dann möglicherweise unvernünftig, so wie Frischverliebte es oftmals sind, aber das kann ja durchaus seinen Reiz haben. Anders sieht es hingegen aus, wenn wir ein wichtiges Gespräch führen wollen, bei dem wir einen klaren Kopf und gute Argumente brauchen, oder wenn die Gefühle, welche die Wahrnehmung bei uns auslösen, negativer Natur sind. Denn mit dem Wechsel ins Neandertalerhirn ist Ihr Vorhaben beziehungsweise eine Konfliktlösung von vornherein zum Scheitern verurteilt. Meist endet das Gespräch dann in einem verbalen Schlagabtausch, in dem möglicherweise viel Porzellan zerbrochen wird.
Und auch wenn sich das jetzt vielleicht so anhört: Ich plädiere nicht dafür, immer ruhig zu bleiben und keine Emotionen zuzulassen. Wenn Sie das dringende Bedürfnis haben, Ihren Gesprächspartner anzuschreien oder Teller an die Wand zu werfen, dann tun Sie das, wenn es Ihnen danach besser geht. Es ist allein

Ihre Entscheidung – allerdings nur dann, wenn Sie auch wirklich entscheiden können und nicht unbewusst ins Neandertalerhirn rutschen.

## Zurück auf Anfang – zurück zur Wahrnehmung

Sie können die beschriebene Kettenreaktion unterbrechen, indem Sie zurück zur ursprünglichen Wahrnehmung gehen, sobald Sie merken, dass Sie das Wahrgenommene interpretieren oder »emotional« werden. Dazu ist es allerdings notwendig, sich klarzumachen, wo das eine aufhört und das andere beginnt, denn der Übergang ist oftmals schwer zu erkennen.

Ein Beispiel: Wenn ich Sie bitten würde, mich möglichst sachlich zu beschreiben (Wahrnehmung), dann würden Sie möglicherweise etwas sagen wie: »Isabel García ist zirka 1,80 Meter groß und trägt Kleidergröße 38 oder 40. Sie hat braune Haare und blaugraue Augen. Sie trägt eine beigefarbene Hose, einen schwarzen Pullover mit Kapuze und schwarze Turnschuhe. Sie hat ihre Haare zu einem Pferdeschwanz zusammengebunden. An ihrem rechten Ringfinger trägt sie einen Ring.« Das wäre eine zugegebenermaßen sehr langweilige, aber dafür nüchterne und konkrete Beschreibung meiner Person, die sich an (vermeintlichen) Tatsachen orientiert.

Vielleicht würden Sie mich aber auch so beschreiben: »Isabel García ist schlank, groß und hat lange braune Haare. Sie ist sportlich gekleidet und trägt einen Ehering.« Merken Sie es? Mit dieser Beschreibung verlassen Sie bereits die reine Wahrnehmung und beginnen das Gesehene zu interpretieren:

- Was genau bedeutet »schlank«? Für Germany's next Topmodel wäre ich definitiv zu dick, für meine spanischen Verwandten hingegen dürfte ich ruhig etwas mehr auf den Rippen haben.
- Was heißt »groß«? Auf einen Zwei-Meter-Mann wirke ich vermutlich eher klein, während eine 1,50 Meter große Frau mich fast schon als Riesin bezeichnen würde.

- Ab welcher Länge sind Haare lang? Eine Frau mit hüftlangem Haar würde angesichts meiner Haare sicher nicht von »lang« sprechen.
- Für Sie reichen schon Turnschuhe und ein Pullover, um meine Kleidung als sportlich einzustufen. Jemand anders erwartet bei dieser Beschreibung vielleicht eher einen Jogginganzug.
- Die Aussage, dass es sich bei meinem Ring um einen Ehering handelt, ist zwar nachvollziehbar, aber nichtsdestotrotz eine Interpretation, denn die Tatsache, dass ich ihn am rechten Ringfinger trage, macht ihn nicht zwangsläufig dazu. In manchen Ländern (in der Schweiz, in den USA, in Frankreich und in Italien) wird der Ehering zum Beispiel links getragen, und ganz viele Menschen tragen ihre Ringe schlicht nach Lust und Laune, ohne darüber nachzudenken, was andere damit vielleicht verbinden.

Was wäre schließlich mit folgender Beschreibung: »Isabel García macht einen sympathischen Eindruck, hat ein herzliches Lachen und einen offenen Blick«? Richtig, damit sind Sie direkt beim Gefühl gelandet – ohne sich über die Wahrnehmung und die Interpretation groß Gedanken zu machen. Unser Gehirn legt dort nicht automatisch eine Pause ein, sondern entscheidet innerhalb von Sekunden, ob wir jemanden sympathisch finden oder nicht (der viel zitierte »erste Eindruck«, für den es bekanntermaßen keine zweite Chance gibt).

## Wie objektiv sind wir wirklich?

Wahrnehmung steht für Objektivität und die sogenannte Sachebene, wobei beides immer auch subjektiv ist, da wir nur das wahrnehmen, was uns gerade persönlich beschäftigt. »Sie trägt keinen Schmuck.« So etwas fällt nur jemandem auf, der auf dieses Detail besonders achtet – sei es, weil er selbst keinen Schmuck trägt oder weil er sich aus anderen Gründen mit dem Thema Schmuck beschäftigt. Trotzdem können und sollten Sie

versuchen, in der Wahrnehmung so sachlich wie möglich zu sein, um zu verhindern, dass Ihr Denkhirn herunterfährt. Sind Sie bereits auf der Gefühlsebene (und somit eventuell im Neandertalerhirn), versuchen Sie, zurück auf die Sachebene, also zur Wahrnehmung, zu kommen, um die Situation noch einmal – objektiv – zu betrachten. Denn nur allzu schnell interpretieren wir etwas hinein, das so eigentlich gar nicht gemeint war.
Ein Beispiel:
Ehemann: »Ich wünsch dir viel Spaß mit deinen Freundinnen!«
Ehefrau: »Na, vielen Dank auch. Du weißt ganz genau, dass dieses Treffen die Hölle wird. Alle werden wieder perfekt gestylt aufkreuzen, sodass ich daneben wie eine fette graue Maus wirken werde – mal ganz abgesehen davon, dass ich sowieso schon total im Stress bin und eigentlich überhaupt keine Zeit habe. Aber scheinbar interessiert dich das, was ich dir erzähle, überhaupt nicht!«
Aufgrund ihrer negativen Grundhaltung ist die Ehefrau bei diesem Satz sofort im Gefühl gelandet und geht auch gleich zum Angriff über. Doch was hat der Ehemann – objektiv betrachtet – eigentlich Schlimmes gesagt? Er hat ihr viel Spaß beim Treffen mit ihren Freundinnen gewünscht. Im Grunde ist das doch eine nette Geste und kein Grund, ihn so anzublaffen, zumal er ja vielleicht gemeint hat: »Viel Spaß mit deinen Freundinnen, trotz Ärger und Stress!« Genauso gut kann es sein, dass er es ironisch gemeint hat, und dann wäre ihre harsche Reaktion ebenfalls unangemessen ...
Dieses Beispiel zeigt auch, dass unsere Interpretation einer Situation stark von unserem Wohlbefinden abhängt. Zur Verdeutlichung: Stellen Sie sich vor, zwei Kollegen fangen plötzlich an, laut zu lachen, als Sie an ihnen vorbeigehen. Geht es Ihnen gut, denken Sie vielleicht »Hey, ich will mitlachen!« und fragen fröhlich nach dem Grund der Heiterkeit. Fühlen Sie sich dagegen gerade nicht so wohl in Ihrer Haut, werden Sie das Lachen vermutlich auf

sich beziehen und denken: »Wieso lachen die denn über mich? Sitzt mein Anzug/mein Kostüm nicht richtig? Steht mir die Farbe nicht? Ist der Reißverschluss meiner Hose offen?« ...
Auch hier heißt es: Wann immer sich negative Gefühle breitmachen, gehen Sie einfach zur Wahrnehmung zurück. Habe ich gerade einfach geschrieben? Vergessen Sie das gleich wieder. Denn es ist nicht einfach, aber – und das ist die gute Nachricht – mit ein wenig Training machbar. Insofern gilt auch in diesem Zusammenhang das alte Sprichwort: »Übung macht den Meister!«
Übrigens: Männer behaupten gern, dass sie immer sachlich sind. Beim Üben im Seminar zeigt sich dann aber häufig, dass sie ebenso schnell auf der Gefühlsebene landen wie die Frauen. Eine deutlich größere Rolle spielt da schon der jeweilige Beruf. Verkäufer beispielsweise sind es gewohnt, eher Ihr Gefühl anzusprechen, während ein Klempner Ihnen das Problem mit Ihrer Wasserleitung in der Regel sehr sachlich beschreiben wird.

*Übung*
Beschreiben Sie alle möglichen Menschen in Ihrer Umgebung. Denken Sie dabei an eine Suchmeldung im Radio. Dort heißt es nicht: »Vermisst wird ein kleines, niedliches Mädchen mit zwei lustigen Zöpfen«, sondern: »Vermisst wird Melanie Muster. Melanie ist sechs Jahre alt, zirka 1,10 Meter groß und hat blonde, schulterlange Haare, die zu zwei Zöpfen geflochten sind. Sie trägt ein rotes T-Shirt, eine blaue Jeans und rote Sandalen ...« Denn nur mit dieser nüchternen Beschreibung besteht die Chance, dass ein Hörer Melanie tatsächlich erkennt. Und genauso sachlich sollten auch Ihre Beschreibungen ausfallen. Vermeiden Sie also

Worte wie groß, klein, schlank, dick, lang, kurz, schön, hässlich, geschmackvoll etc. Versuchen Sie, alles in einer konkreten Maßeinheit und ohne Wertung auszudrücken. Wenn Sie möchten, können Sie Ihre »Steckbriefe« mit einem Kassettenrekorder oder digitalen Aufnahmegerät aufnehmen und im Anschluss nochmals kritisch prüfen.

**Die Uhr tickt**

Wichtig in diesem Zusammenhang ist noch der Zeitfaktor. Wenn Sie zu spät – zum Beispiel nach einigen Stunden – versuchen, in die Wahrnehmung zurückzugehen, werden Sie häufig nicht mehr darauf zugreifen können. Polizisten, die Zeugen befragen, können ein Lied davon singen. Stellen Sie sich vor, Oma Erna – dieses Mal ohne ihr schickes Abendkleid unterwegs – beobachtet, wie ein Autofahrer mit seinem Wagen ein anderes Fahrzeug rammt und danach Fahrerflucht begeht. Sie hält sich erst gar nicht mit der Wahrnehmung auf, sondern landet über die Interpretation direkt im Gefühl und denkt: »Was für ein Verbrecher!« Und da sie keine Männer mit Schnurrbärten mag, weil die ihrer Meinung nach immer etwas verbergen (nämlich einen Teil ihres Gesichts), ist sie bei der später stattfindenden Befragung durch die Polizei felsenfest davon überzeugt, dass der flüchtige Fahrer ebenfalls einen Schnurrbart trug. Ob sie das aber auch tatsächlich gesehen hat, darf bezweifelt werden, denn auf ihre Wahrnehmung hat sie mittlerweile keinen Zugriff mehr.
Deshalb ist es so wichtig, Zeugenaussagen so schnell wie möglich nach dem Geschehen aufzunehmen. Auch wenn eine Freundin uns fragt, warum wir uns beim letzten Treffen so furchtbar aufgeregt haben, können wir ihr selten die eigentliche Ursache nennen. Wir können uns zwar erinnern, was wir alles gedacht haben, aber nicht daran, was wir wirklich gesehen beziehungsweise gehört haben. Das heißt, wir kommen vom

Gefühl noch zurück in die Interpretation, aber nicht mehr in die Wahrnehmung.

> *Tipp*
> Die Kette Wahrnehmung – Interpretation – Gefühl ist vollkommen natürlich. Sie müssen sie nicht generell stoppen oder ständig versuchen, in der Wahrnehmung zu bleiben (schließlich sind Gefühle das Salz in der Suppe des Lebens). Wichtig ist vielmehr, dass Sie den ablaufenden Prozess kennen, damit Sie überhaupt die Möglichkeit haben, in die Wahrnehmung zurückzugehen. Das ist deshalb so hilfreich, weil sofort sämtliche Emotionen ausgeblendet werden und Sie wieder Zugriff auf Ihr Denkhirn bekommen. Und bedenken Sie bitte auch: Wirklich objektiv werden Sie nie sein, Sie können nur versuchen, so sachlich wie möglich zu bleiben.

## Schubladendenken

Bevor wir zur nächsten Kommunikationsfalle gehen, möchte ich Sie noch für einen weiteren Aspekt zum Thema Wahrnehmung sensibilisieren: das Schubladendenken. Was meinen Sie, wie viel Sie – in Prozent ausgedrückt – von einem Menschen, den Sie beschreiben wollen (siehe Übung Seite 25), wahrnehmen? Wenn ich diese Frage in meinen Seminaren stelle, dann bekomme ich nicht selten einen Wert von 50 Prozent oder mehr genannt. Liegt Ihre Schätzung hingegen zwischen 0,05 und 2 Prozent, kommen Sie der Wahrheit schon ziemlich nahe. Eigentlich auch nicht verwunderlich, denn 100 Prozent würden nicht nur alle Erfahrungen, die diese Person jemals in ihrem Leben gemacht hat, beinhalten, sondern auch deren Stärken und Schwächen, alle verborgenen Talente etc.

## Das Denkhirn und die Frage nach dem Warum

Leider ist unser Denkhirn so konstruiert, dass es stets nach 100 Prozent strebt. Wie häufig fragen wir nach dem Warum, wenn wir eine Entscheidung nicht nachvollziehen können, zum Beispiel eine der Eltern. Handelt es sich dabei um etwas Schwerwiegendes, kann uns dieses Problem über Jahre beschäftigen. Manchmal kann es sogar sein, dass wir uns schließlich in Therapie begeben, um mit diesem Thema endlich abschließen zu können. Wir müssen einfach wissen, warum der Partner sich plötzlich von uns getrennt hat, warum die Freundin uns angelogen hat oder warum der Kollege unsere Arbeit als seine ausgegeben hat. Wenn wir die Hintergründe verstehen, die 100 Prozent unseres Denkhirns also voll sind, tun die Fakten zwar immer noch weh, aber wir können sie verarbeiten. Alles, was wir nicht begreifen, bleibt als Unerledigtes in unserem Datenspeicher, und das Denkhirn wird immer wieder Rechenleistung darauf verwenden, bis es schließlich »abgearbeitet« ist.

## Schnell und pragmatisch – das Neandertalerhirn

Unser Neandertalerhirn sieht das viel entspannter. Es fragt erst gar nicht lange nach dem Warum, sondern füllt von sich aus so lange auf, bis die 100 Prozent erreicht sind – und das in weniger als einer Sekunde. Womit? Mit unseren Erfahrungen, Wertvorstellungen und angeeignetem Wissen. Sehen Sie zum Beispiel jemanden, der weiße Socken in offenen Sandalen zur Kordhose trägt, jubelt das Neandertalerhirn sofort: »Da kenne ich noch jemanden! Den kann ich einordnen ...« Aber auch Ihre Erziehung, Ihr aktuelles Befinden und Ihre aktuellen Interessen fließen mit ein. Sie kennen das bestimmt: Sie planen, ein neues Auto einer bestimmten Marke zu kaufen, und plötzlich begegnet Ihnen dieser Wagen überall. Oder: Ist Grün Ihre derzeitige Lieblingsfarbe, wird Ihnen die grasgrüne Brille einer Person stärker auffallen als vielleicht die Tatsache, dass sie keinen Schmuck trägt. Wurde

Ihnen als Kind beigebracht, dass man die Hände nicht in den Hosentaschen »vergräbt«, dann werden Sie ein solches Verhalten bei jemandem sehr viel eher wahrnehmen als ein Mensch, der nicht so erzogen wurde ...

Was ich Ihnen damit klarmachen möchte, ist, dass Ihr erster Eindruck von einer fremden Person im Grunde nur sehr wenig mit diesem Menschen selbst zu tun hat, sondern in erster Linie von Ihnen, von Ihren Erfahrungen, Ihren Werten und Ihrem Wissen abhängt. Wir packen uns unbekannte Menschen ganz automatisch zunächst einmal in eine Schublade. Und bitte sagen Sie jetzt nicht, Sie würden das nicht tun. Sie können gar nicht anders – was ja auch gar nicht schlimm ist, solange Sie den- oder diejenige auch wieder aus der Schublade herausholen, sobald Sie sich ein genaueres Bild gemacht haben!

## Wie gut kennen Sie sich selbst?

Weiter oben hatte ich Sie gefragt, wie viel Sie von einem anderen Menschen wahrnehmen können. Wie hätte wohl Ihre Antwort ausgesehen, wenn ich danach gefragt hätte, wie gut Sie sich selbst kennen? Hätten Sie gesagt, dass Sie sich zu 100 Prozent kennen? Auch hier muss ich Sie leider enttäuschen. Selbst wenn Sie sich in der Vergangenheit intensiv mit sich selbst, mit Persönlichkeitsanalyse und -training auseinandergesetzt haben, liegen noch nicht einmal 70 Prozent im Bereich des Möglichen. Das lässt sich damit begründen, dass Sie sich in der Regel nur in Ihrem gewohnten Umfeld gut kennen. Würden Sie beispielsweise in ein Ihnen völlig fremdes Land auswandern und dort unter komplett anderen Voraussetzungen leben, würden Sie mit Sicherheit einige ganz neue Seiten an sich entdecken. Auch würde zu den 100 Prozent all das Unbewusste gehören, dass Sie als Baby erlebt haben. Wenn Sie also 60 Prozent von sich selbst kennen, dann haben Sie bereits einen sehr, sehr guten Wert erreicht.

Und wenn wir davon ausgehen, dass wir rund 50 Prozent von uns selbst kennen, dann kennen wir von unserem Lebenspartner bestenfalls 30 Prozent. Das heißt, wenn wir mit ihm streiten, dann hat der Streit oftmals mehr mit uns zu tun als mit ihm – genauso wie der Streit mit einem Kunden oder Mitarbeiter sehr viel mit uns zu tun hat.

Es geht also um uns. Es geht darum, dass wir – bewusst und unbewusst – ständig Situationen interpretieren, die man auch anders hätte auslegen können. Mein Anliegen ist nicht, dass Sie jeden verstehen und ständig denken: »Er hat recht. Ich habe sein Verhalten bestimmt nur falsch interpretiert.« Ich möchte Sie vielmehr dazu ermutigen, sich mit Ihrem Selbstbewusstsein zu beschäftigen. Und damit meine ich, dass Sie sich selbst bewusst wahrnehmen sollten. Selbstbewusstsein wird häufig mit einem positiven Selbstwertgefühl verwechselt. Aber auch jemand, der Minderwertigkeitskomplexe hat, ist selbstbewusst, wenn er sich seiner Schwächen bewusst ist und daran arbeitet.

Sie werden sich jetzt vielleicht fragen, was das mit dem Thema Rhetorik zu tun hat. Lassen Sie es mich an einem kleinen Beispiel verdeutlichen: Sie stehen morgens auf und wissen sofort: Das wird ein toller Tag. Sie fühlen sich fantastisch und sind rundum mit sich zufrieden. Denken Sie dann darüber nach, was Sie bei einem Vortrag mit Ihren Händen machen sollen? Über die richtige Betonung oder den Einsatz von Pausen? Nein! Denn wenn Sie sich gut fühlen, machen Sie vieles ganz automatisch richtig. Und wenn Sie durch dieses Buch verstehen, was Sie an einem solchen Tag unbewusst richtig machen, dann können Sie dieses Wissen auch an den Tagen nutzen, an denen Sie sich okay oder nicht so gut fühlen. Und mal ehrlich: Diese kommen wohl bei fast jedem von uns häufiger vor als die Alles-ist-toll-Tage.

Das heißt, ich möchte Ihnen helfen, sowohl Ihre Kommunikationsstärken – die Sie bislang vielleicht noch gar nicht bewusst wahrgenommen und eingesetzt haben – als auch Ihre Schwächen zu entdecken. Denn je besser Sie sich kennen, desto überzeugender und authentischer können Sie auch in schwierigen Situationen auftreten und desto wohler werden Sie sich dabei fühlen.

*Zusammenfassung: Kommunikationsfalle Wahrnehmung*

- Streben Sie nicht nach Perfektionismus, sondern lieber nach Authentizität.
- Das Denkhirn ist langsamer als das Neandertalerhirn und verweigert bei zu vielen Informationen beziehungsweise Emotionen seinen Dienst.
- Sie können mit einem Neandertaler nicht diskutieren.
- Es gibt keine echte Objektivität. Sie können nur versuchen, so sachlich wie möglich zu sein.
- Gehen Sie bei einem negativen Gefühl (Konflikt mit sich oder anderen) zur Wahrnehmung zurück.
- Stärken Sie Ihr Selbstbewusstsein, indem Sie sich selbst bewusster wahrnehmen (Stärken und Schwächen).

# Kommunikationsfalle Satzmelodie

Bei einer Aussage gehen wir am Ende mit der Stimme nach unten (»Das ist Peter«), während wir bei einer Frage am Satzende mit der Stimme nach oben gehen (»Ist das Peter?«).
Kommt Ihnen das bekannt vor? Mit Sicherheit, denn wir alle haben diese Regel in der Schule gelernt – zumindest theoretisch. In der Praxis sieht das allerdings anders aus: Die meisten Menschen gehen häufig mit der Stimme am Satzende nach oben, egal, ob dort ein Punkt beziehungsweise ein Ausrufezeichen oder ein Fragezeichen steht. Vor allem, wenn sie über etwas reden, das sie emotional berührt oder begeistert. Ein gutes Beispiel dafür sind Urlaubsberichte (siehe http://www.m-vg.de/link/ichrede, Track 1). Wenn eine gute Freundin Ihnen von ihrem letzten Urlaub erzählt, bekommen Sie in der Regel zwar mit, dass sie begeistert beziehungsweise enttäuscht ist, aber vom konkreten Inhalt können Sie nicht viel erfassen. So einer Flut von Sätzen mit Fragezeichen können Sie einfach nicht folgen. Probieren Sie es einmal aus, und fragen Sie jemanden aus Ihrem Freundes- oder Kollegenkreis, was er oder sie am letzten Wochenende gemacht hat. Sehr wahrscheinlich klingt das dann so ähnlich im Audio-Download (Track 2).

## Das Mit-der-Stimme-oben-Bleiben

Es hat sich schon fast zu einer Art Volkskrankheit entwickelt. Der Grund dafür ist nicht zuletzt, dass unser Alltag immer hektischer wird und wir uns mittlerweile daran gewöhnt haben, alles so schnell wie möglich zu erledigen – auch das Reden. Und so überlegen wir bereits, während wir noch sprechen, was wir als Nächstes sagen wollen. Wir sind also gedanklich immer »auf dem Sprung«, und unsere Stimme springt fröhlich mit. Schade nur, dass das bei unserem Gegenüber so nicht ankommt. Er wertet das Mit-der-Stimme-oben-Bleiben nicht als Vorausdenken, sondern als Unsicherheit – was man ihm nicht verdenken kann. Denn wenn wir eine Aussage wie eine Frage betonen, dann dürfen wir uns nicht wundern, wenn sie auch wie eine Frage wahrgenommen wird. (Was, glauben Sie, wird bei einem Kind eher den gewünschten Effekt erzielen: »Jetzt aber ab ins Bett?« oder »Jetzt aber ab ins Bett!«?) Wir stellen damit nicht nur unsere Aussage infrage, sondern unsere ganze Person. Wir wirken unsouverän und laufen so Gefahr, in die Schublade »inkompetent« einsortiert zu werden oder – noch schlimmer – in die der potenziellen Lügner (siehe Seite 20).

*Tipp*

Falls Sie Hunde mögen, leihen Sie sich einfach mal den Hund Ihres besten Freundes oder den der Nachbarsfamilie. Denn ein fremder Hund reagiert nur dann auf »Sitz«, »Platz« und diverse andere Kommandos, wenn sie auf Punkt gesprochen und nicht als Frage formuliert werden. Das ist auch der Grund, warum ich meinen Hund zum Seminarhund gemacht habe und ihn bei Trainings meistens dabeihabe. Es holt einen Abteilungsleiter schnell auf den Boden der Tatsachen zurück, wenn ein gut erzogener Hund selbst die simpelsten Anweisungen einfach ignoriert. Und das strahlende Lächeln bei Teilnehmern, deren (auf Punkt gesprochener) Befehl ausgeführt wurde, ist einfach großartig.

Bei unangenehmen Gesprächen – zum Beispiel einem Kritik- oder Trennungsgespräch – ist diese Unsicherheit besonders fatal. Daher mein dringender Appell: Achten Sie in diesen Situationen nachdrücklich darauf, auf Punkt zu sprechen, also bei Ihren

Aussagen auch tatsächlich mit der Stimme nach unten zu gehen. Natürlich klingt das etwas härter, etwas weniger harmonisch, aber Sie richten wahre Dramen im Kopf und im Herzen des Betreffenden an, wenn Sie es nicht tun. Denn das Mit-der-Stimme-oben-Bleiben lässt viel Raum für Interpretationen (»Wie hat er das eigentlich gemeint?« »War das jetzt eine Abmahnung?« »Will sie sich wirklich von mir trennen, oder habe ich noch eine Chance?«) – und sorgt damit für schlaflose Nächte. Seien Sie also fair, und formulieren Sie Ihre Kritik etc. nicht nur inhaltlich klar, sondern auch in Bezug auf die Betonung.

*Tipp*

Auch ein Kompliment kommt nur dann als solches beim Empfänger an, wenn Sie es auf Punkt sprechen, also: »Das Kleid steht dir aber gut.« Und nicht: »Das Kleid steht dir aber gut?« Apropos Kompliment: Viele tun sich schwer damit, ein Kompliment anzunehmen, und reden es kaputt. (»Meinst du wirklich? Ich finde, der Schnitt betont meine Hüften zu sehr, und außerdem passt die Farbe nicht wirklich zu meinen Augen ...«) Dabei sind Komplimente etwas Schönes, drücken sie doch Lob, Wertschätzung und Anerkennung aus. Warum also sagen Sie nicht einfach »Danke« und genießen es? Sie müssen es ja nicht gleich zurückgeben. Lächeln Sie einfach, und freuen Sie sich darüber – und zeigen Sie das auch dem Komplimentgeber, damit er sich mitfreuen kann. So wird er Ihnen gern wieder einmal ein Kompliment machen.

Das Mit-der-Stimme-oben-Bleiben bringt noch weitere Probleme mit sich, wie Sie im Folgenden sehen werden.

## Stimme oben: So können Sie keine Pausen machen

Durch das Heben der Stimme am Satzende signalisieren Sie Ihrem Zuhörer auch, dass Sie noch nicht fertig sind. Und so wartet er, bis Sie weiterreden. Dadurch entsteht eine Spannung, welche die meisten Menschen dazu verleitet, mehr zu sagen, als sie eigentlich wollen – was rhetorisch versierte Gesprächspartner durchaus zu ihrem Vorteil zu nutzen wissen. Mehr dazu im Kapitel »Kommunikationsfalle Pausen« (siehe Seite 41).

## Stimme oben: So stolpern Sie von einem Füllwort zum nächsten

Stören Sie die vielen »Ähs«, »Ähms«, »Uuuuunds«, »Tjas« und »Hms«, wenn Sie reden? Dann gewöhnen Sie sich an, auf Punkt zu sprechen. Denn solange Sie mit der Stimme am Ende eines Satzes oben bleiben, werden sich diese ungeliebten Füllwörter immer wieder einschleichen. Nehmen wir als Beispiel den Satz: »Heute ist ein entscheidender Tag.« Wenn Sie hier am Ende mit der Stimme nach unten gehen und eine kurze Pause machen, haben Sie genügend Zeit, darüber nachzudenken, was Sie als Nächstes sagen wollen. Bleiben Sie hingegen mit der Stimme oben, merken Sie schnell, dass Sie irgendwie weitermachen müssen, weil sonst eine unangenehme Pause entsteht. Also sagen Sie vielleicht: »Heute ist ein entscheidender Tag?« Und solange Sie nicht wissen, wie es weitergeht, füllen Sie die Leere schon mal mit einem »Ähm«: »... Ähm ... Deswegen müssen wir heute alle Überstunden machen?« Mist, schon wieder oben geblieben, also schnell mit einem »uuuuund« weiter: »... uuuund ... ich hoffe, dass wir in dieser Situation alle an einem Strang ziehen?« Und so weiter und so weiter ...
In dem Moment aber, in dem Sie anfangen, auf Punkt zu sprechen und mit der Stimme am Ende des Satzes tatsächlich nach unten gehen, werden all diese Füllwörter überflüssig und von ganz allein verschwinden. Probieren Sie es aus!

## Stimme oben: So werden Sie immer schneller

Durch die fehlenden Pausen reden Sie nicht nur im wahrsten Sinne des Wortes ohne Punkt und Komma, sondern werden auch immer schneller. Sie schalten ganz automatisch von einem Gang in den nächsten und können nicht mehr bremsen.

Allerdings ist Schnelligkeit – wie sonst so oft – beim Sprechen gerade nicht Trumpf. Denn alles, was wichtig ist, sagen wir langsam (überlegen Sie doch nur einmal, in welchem Tempo Sie jemandem sagen würden, dass Sie ihn oder sie von Herzen lieben; weitere Beispiele unter http://www.m-vg.de/link/ichrede, Track 3). Und das bedeutet, dass Ihnen Ihr Gesprächspartner schon nach kurzer Zeit nicht mehr richtig zuhören wird, weil er die Information, die Sie ihm vermitteln wollen, für unwichtig hält. Sie erreichen also genau das Gegenteil, nämlich weniger statt mehr.

Ich möchte hier aber auch einmal eine Lanze für das Schnellreden brechen. Einige neurowissenschaftliche Tests haben nämlich gezeigt, dass wir schnell sprechende Redner kompetenter einschätzen als ihre langsam sprechenden Kollegen. Das hat sich der Geschäftsführer eines Schokoladenfachgeschäfts zunutze gemacht und seine Verkäufer angewiesen, möglichst schnell zu sprechen und darüber hinaus möglichst viele Fremdwörter zu verwenden, wenn sie die Kunden beraten. Was ist passiert? Die Kunden stürmten den Laden regelrecht. Sie begriffen zwar in der Regel nicht, was man ihnen sagte, gingen aber mit dem Gefühl zur Kasse, von einem äußerst fachkundigen Verkäufer beraten worden zu sein. Und sie fühlten sich sogar noch besonders wertgeschätzt, da sie davon ausgingen, dass der Verkäufer nur deshalb so viele Fremdwörter verwendet hat, weil er der Meinung war, sie würden diese kennen (was dann für ihre vermeintliche Bildung sprechen würde).

Wenn es Ihnen also egal ist, ob Ihr Gesprächspartner versteht, was Sie ihm gerade erzählen, dann sprechen Sie ruhig schnell. Wenn Sie aber möchten, dass Ihr Mitarbeiter Ihre Anweisungen auch tatsächlich versteht und Ihre Tochter begreift, warum sie nicht bis nach Mitternacht in der Disco bleiben darf, dann sollten Sie langsam reden. Noch ein kleiner Tipp am Rande: Falls Sie das mit dem langsameren Sprechen einfach nicht hinbekommen, dann bleiben Sie bei Ihrem Tempo und bauen einfach mehr Pausen ein.

## Stimme oben: So betonen Sie falsch

Um ein Wort zu betonen, stehen Ihnen grundsätzlich mehrere Möglichkeiten zu Verfügung (siehe http://www.m-vg.de/link/ichrede, Track 4):

- Sie können es lauter sprechen.
- Sie können vor dem Wort eine kurze Pause einlegen.
- Sie können es dehnen.
- Sie sprechen das Wort in einer höheren Tonlage.

Bleiben wir beim letzten Punkt: Die Stimme heben bedeutet, dass wir ein Wort besonders betonen wollen. Und das heißt, dass Sie generell das letzte Wort betonen, wenn Sie nicht auf Punkt sprechen. Aber vielleicht wäre ja ein anderes Wort – zum Beispiel in der Satzmitte – viel wichtiger.

Wenn Sie also ein Fragezeichen sprechen, wo eigentlich ein Punkt hingehört, dürfen Sie sich nicht wundern, wenn Ihre Nachricht beim Empfänger nicht so ankommt, wie Sie sie gemeint haben. Der Grund: Sie legen die Betonung permanent auf Wörter, die überhaupt nicht betont werden müssten. Missverständnisse sind da vorprogrammiert – ganz ähnlich wie beim Brief übrigens, da auch hier der Empfänger die korrekte Betonung nicht erkennen kann. Bei E-Mails lösen viele dieses Problem mithilfe von Smileys, mit in Klammern gesetzten erläuternden Kürzeln oder über die GROSSSCHREIBUNG. Doch das stößt nicht auf uneingeschränkte Gegenliebe. Als ich im Vorstand eines Frauennetzwerkes tätig war, erhielt ich eine ganze Liste mit Dingen, die man beim E-Mail-Schreiben vermeiden sollte. Und natürlich standen da auch all die gerade erwähnten Möglichkeiten drauf. Das zeigt einmal mehr: Wenn es wirklich wichtig ist, dann rufen Sie lieber an – und sprechen Sie auf Punkt. ☺

*Übung*

Nehmen Sie einen Kassettenrekorder, ein Diktiergerät oder einfach Ihr Handy (viele verfügen mittlerweile über eine entsprechende Memofunktion), und nehmen Sie sich selbst beim Sprechen auf. Zählen Sie zum Beispiel auf, was Sie heute Morgen gefrühstückt haben oder was Sie im Laufe des Tages alles erledigen müssen. Es reicht vollkommen, wenn Sie zirka eine Minute sprechen. Dann hören Sie sich die Aufnahme aufmerksam an – beim Sprechen merken wir nämlich häufig nicht, dass wir mit der Stimme nach oben gehen, beim Hören aber sehr wohl. Führen Sie eine kleine Strichliste, wie häufig Sie nicht auf Punkt gesprochen und wie viele »Ähs« etc. sich eingeschlichen haben und wo Sie falsch betont haben.

Nun löschen Sie die Aufnahme und beginnen von vorn. Sie erzählen also wieder (mindestens eine Minute lang), was Sie heute zum Frühstück gegessen haben beziehungsweise welche Punkte heute noch auf Ihrer To-do-Liste stehen. Danach legen Sie das Aufnahmegerät weg.

Üben Sie das täglich einmal. Sie werden merken, wie sich langsam, aber sicher die Punkte bei Ihnen wieder breitmachen.

*Tipp*

Apropos üben: Viele fragen mich, wie sie die Übungen noch in ihren ohnehin schon prall gefüllten Terminkalender einbauen sollen. Mir ist durchaus bewusst, dass die wenigsten von Ihnen sich mal eben so eine halbe Stunde pro Tag abknapsen können. Ich empfehle immer, die Fahrt zur Arbeit (oder den Heimweg) dafür zu nutzen. Wenn Sie eine Strecke gut kennen, dann schaltet Ihr Gehirn auf »Autopilot«, Sie fahren quasi vollautomatisch. Versuchen Sie auch, die Übungen in Ihren Alltag einzubauen: Nutzen Sie Wartezeiten an der Supermarktkasse, Werbepausen im Fernsehen etc.

Und wenn Sie einmal nicht aktiv üben können, dann hören Sie anderen bewusst zu – zum Beispiel dem Radiomoderator –, und zählen Sie, wie viele Fragezeichen, »Ähms« etc. sich bei ihm einschleichen. Selbst dabei setzt der Lerneffekt bereits ein, und Sie werden über kurz oder lang mehr Pausen machen, mehr auf Punkt sprechen ...

## Stimme oben: So finden Sie kein Ende

Geht es Ihnen auch öfter so, dass Sie eigentlich alles gesagt haben (ob nun von Angesicht zu Angesicht oder am Telefon), Sie aber trotzdem kein Ende finden? Das liegt häufig daran, dass wir zwar wissen, was wir während des Gesprächs sagen wollen, aber nicht, wie wir es beenden wollen. Dementsprechend fällt es uns schwer, beim Ausstieg aus dem Gespräch auf Punkt zu sprechen, einen Schlusspunkt zu setzen. Und so dauert es länger als eigentlich notwendig (ohne dass es einen zusätzlichen Nutzen bringt). Ich habe einmal eine Verkäuferin erlebt, die einfach nicht von mir wegkam, weil sie nonstop mit der Stimme oben geblieben ist:

»Also, dann wünsche ich Ihnen viel Spaß mit Ihrer neuen Bluse?« Ich erwiderte nichts, sondern sah sie einfach nur an. »Ich lege die Blusen dann schon mal an die Kasse?« Ich schaute sie immer noch freundlich an. »Ja, dann wünsche ich Ihnen eine angenehme Heimfahrt?« Auch bei diesem Satz habe ich freundlich gelächelt und mich allmählich gefragt, wann sie sich wohl den anderen Kunden widmen wird, die schon sehnsüchtig auf eine Beratung warteten. Ich habe die Dame ja nicht aufgehalten, sie hat sich selbst aufgehalten – weil sie unbewusst spürte, dass da noch kein Abschluss war, kein Punkt. Mit den »Fragen«: »Dann hoffe ich, dass Sie bald mal wiederkommen?« »Ich muss mich jetzt leider um den nächsten Kunden kümmern?« zog sie sich langsam zurück.
Sie können also viel Zeit sparen, wenn Sie sich – bei wichtigen Gesprächen schon während der Vorbereitung – überlegen, wie Sie am Ende aussteigen werden, und gerade bei diesen Sätzen auf Punkt sprechen (siehe auch »Der gekonnte Aufbau« auf Seite 101).

*Zusammenfassung: Kommunikationsfalle Satzmelodie*

- Senken Sie bei einer Aussage am Ende des Satzes die Stimme.
- Gesprochene Fragezeichen entstehen bei großer Begeisterung, Harmoniestreben und wenn Sie schon an den nächsten Satz denken, während Sie noch sprechen.
- Wenn Sie permanent am Satzende mit Ihrer Stimme oben bleiben, klingen Sie monoton, können keine Pausen machen, nerven die Zuhörer mit vielen »Ähms«, wirken unsicher, sprechen zu schnell und finden kein Ende. Konzentrieren Sie sich stattdessen auf das Wesentliche: den aktuellen Satz.
- Bringen Sie Kritik und Komplimente auf den Punkt. Sonst lassen Sie zu viel Raum für Interpretationen.

# Kommunikationsfalle Pausen

Pausen sind etwas Schönes! Während der Arbeit legen wir immer mal wieder eine Pause ein, um durchzuatmen und neue Kraft zu schöpfen. Wir machen Denkpausen (oder sollten es zumindest hin und wieder tun), um zu reflektieren und gegebenenfalls Konsequenzen daraus zu ziehen. Und in der Schule war die große Pause sowieso das Highlight des Tages. Doch wenn es ums Reden geht, finden viele von uns plötzlich so gar keinen Gefallen mehr daran und sprechen in einem Rutsch durch. Zugegeben, es ist schwierig, die Stille, die während einer solchen Sprechpause entsteht, auszuhalten – besonders wenn einen alle anschauen.

*Tipp*

Damit Sie ein Gefühl dafür bekommen, wie sich eine Pause »anfühlt«, denken Sie bitte mal kurz nach, welches das beste Restaurant in Ihrer Stadt ist. Und nun stellen Sie sich Folgendes vor: Das Restaurant ist brechend voll. Sie öffnen den schweren Vorhang, treten durch die Tür – und stehen buchstäblich erst einmal auf dem Präsentierteller. Können Sie es sich vorstellen? Fühlen Sie es? Dann fühlen Sie auch den Grund, warum viele sofort auf den nächstbesten freien Tisch zusteuern, sobald sie ein Restaurant betreten haben. Besser sitzen dann diejenigen, die eine Pause aushalten können, erst einmal stehen bleiben und sich in Ruhe einen Überblick verschaffen (beziehungsweise warten, bis ihnen die Bedienung einen Platz anbietet, was in einem guten Restaurant eigentlich Usus ist).

Pausen sind extrem wichtig. Und zwar aus folgenden Gründen:

## Pausen geben Ihnen Zeit zum Atmen

Das klingt für den einen oder anderen von Ihnen jetzt vielleicht banal, aber nicht selten wird das Atmen als lästige Unterbrechung angesehen, beim Versuch, »das Ganze« so schnell wie möglich hinter sich zu bringen. Dabei benötigen Sie Atempausen ganz dringend, um Ihr Lampenfieber – das selbst Profis haben – in den Griff zu bekommen, Ihren Stimmklang zu beeinflussen und, und, und ... Ausführlich unterhalten wir uns über dieses Thema im nächsten Kapitel (siehe Seite 55). An dieser Stelle sei aber schon so viel verraten, dass Sie viel souveräner auftreten und viel überzeugender wirken, wenn Sie sich immer wieder einmal eine Atempause gönnen.

## Pausen geben Ihnen Zeit zum Nachdenken

Auch das mag Ihnen ein wenig zu simpel erscheinen, aber wie Sie bereits auf Seite 35 gelesen haben, bereitet dieser Punkt ganz vielen Menschen massive Probleme. Bedenken Sie: Sie können Ihre/n Gesprächspartner nicht im Hier und Jetzt überzeugen, wenn Sie sich geistig permanent in der Zukunft aufhalten, um über den weiteren Gesprächsverlauf nachzudenken. (Hin und wieder etwas vorauszudenken ist sicher sinnvoll, aber bitte nicht ständig!) Und das müssen Sie auch nicht. Wenn Sie konsequent nach jedem zweiten oder dritten Punkt eine Pause machen, haben Sie ausreichend Zeit, sich zu überlegen, was Sie als Nächstes sagen möchten.

*Tipp*

Wir neigen dazu, möglichst viele Argumente ins Feld zu führen, selbst wenn ein wirklich gutes schon reichen würde. Lassen Sie Ihre Aussage also einfach mal im Raum stehen, und verstärken Sie ihre Wirkung durch eine bewusst gesetzte Pause. Das überzeugt mitunter mehr als ein Trommelfeuer von Ausführungen, die ohne Punkt und Komma aneinandergereiht werden.

Lassen Sie sich dabei auch nicht von der Tatsache irritieren, dass es mittlerweile fast schon als schick gilt, nonstop reden zu können – was uns einige Radiomoderatoren jeden Morgen eindrucksvoll beweisen. Sie wissen, was ich meine? Nein? Dann hier eine kleine Kostprobe (siehe auch http://www.m-vg.de/link/ichrede, Track 5): »Das Wetter fällt heute wieder ins Wasser, aber wir lassen uns nicht kleinkriegen. Genießen Sie den Tag mit unserer Musik! Denn wir spielen nur das Beste für Ihren Vormittag. Und wenn Sie jetzt denken, das sind doch bestimmt wieder so alte 80er-Jahre-Hits, die jeder schon in- und auswendig kennt, dann täuschen Sie sich aber. Wir spielen für Sie nur das Neueste vom Neuesten!!! Und hier ist sie auch schon – die neue Single von Robbie Williams. Im Laden noch gar nicht erhältlich, aber wir haben sie schon. Mal wieder ein echtes Meisterwerk, das Robbie da abgeliefert hat ...« Mal ehrlich: Ist das auf Dauer nicht ziemlich anstrengend? Und damit sind wir auch schon beim dritten Punkt, warum Pausen so wichtig sind:

## Pausen geben den Zuhörern Zeit, das Gehörte zu verarbeiten

Wenn Sie ohne Pausen reden, dann haben Sie zwar innerhalb kürzester Zeit all Ihre Infos an den Mann beziehungsweise die Frau gebracht, aber merken konnte sich Ihr Gegenüber kaum etwas davon. Wie auch? Ihre Zuhörer brauchen ebenfalls Zeit,

um über Ihre Worte nachzudenken, um Bilder und Emotionen damit zu verbinden.
Ohne Pausen reden hat so viel Charme wie ein Diaprojektor auf Speed. Wie würden Sie es finden, wenn Ihnen ein befreundetes Ehepaar seine Dias vom letzten Sommerurlaub zeigen würde, und die Bilder huschen nur so über die Leinwand? »Oh, ihr wart in Pisa ... oh, Strand ... ah ... ähm ... ja ...« Genauso ergeht es Ihren Zuhörern, wenn Sie ohne Pause sprechen. Wir brauchen Zeit, um ein Bild mit eigenen Emotionen zu verknüpfen. Das heißt in der Praxis: Machen Sie immer nach drei bis sieben Aussagen eine längere Pause, damit Ihre Zuhörer diese verarbeiten können. Denn dann können sie auch die nächsten Infos noch aufnehmen.

*Tipp*
Pausen sind – gerade bei einer Rede oder einer Präsentation – nicht nur für Sie da, sondern auch für Ihre Zuhörer. Sie geben ihnen die Möglichkeit, selbst etwas zu dem Gehörten zu sagen oder eine Frage zu stellen. Und selbst wenn Ihr Publikum sich verbal nicht äußert, kann es mittels Mimik und Körpersprache deutlich zeigen, ob ihm gefällt, was Sie ihm erzählen oder nicht. So wird aus einem Monolog ein Dialog, jedoch nur, wenn Sie Ihren Zuhörern den nötigen Raum dafür lassen – in Form von Pausen. Apropos: Zwischenfragen sollten Sie generell nur dann zulassen, wenn Sie ein geübter Redner sind und souverän damit umzugehen wissen. Andernfalls verweisen Sie besser auf eine anschließende Fragerunde. Denn einen ungeübten Redner bringen Zwischenfragen oftmals so aus dem Konzept, dass er komplett den roten Faden verliert.

### Rasante Sprecher vermitteln – nichts

Wenn Sie ohne Pause reden, haben die Menschen häufig das Gefühl, dass Sie zu schnell reden, selbst wenn Ihr Sprechtempo eigentlich in Ordnung ist. Denn wenn Ihr Gesprächspartner keine Zeit hat, die Informationen, die auf ihn einstürmen, auch zu verarbeiten, stellt sich bei ihm ziemlich bald das Gefühl ein, dass ihm das alles zu schnell geht. Aber das ist nicht der einzige Nachteil. Fehlende »Verarbeitungszeiten« (sprich: Pausen) führen darüber hinaus dazu, dass die Information, die Sie Ihrem Gesprächspartner eigentlich vermitteln wollen, wirkungslos verpufft. Zurück bleibt – nichts!

Wir testen das einmal: Ich werde Ihnen gleich von einem perfekten Start in den Sonntag vorschwärmen, zunächst ohne Pausen. Achten Sie darauf, wie viele Bilder vor Ihrem geistigen Auge entstehen und zu wie vielen dieser Bilder Sie eigene Gedanken entwickeln. Nun also bitte Track 6 über den Download anhören.

Und? Wie viele Bilder sind in Ihrem Kopf entstanden? Wie viele davon konnten Sie sich merken? Haben Sie während des Zuhörens beispielsweise gedacht: »Ich trinke ja eigentlich lieber Tee als Kaffee.« Oder: »Oh ja, das lange Ausschlafen genieße ich auch immer!« Ich kann die Frage auch anders formulieren: Hatten Sie Zeit für solche Gedanken?

Zum Vergleich dieselbe Geschichte noch einmal, allerdings mit Pausen. Und bitte nehmen Sie wieder ganz bewusst wahr, wie viele Bilder Sie vor Augen haben und wie viele eigene Gedanken dazu bei Ihnen entstehen. Spielen Sie jetzt bitte Track 7 ab.

Haben Sie den Unterschied bemerkt? Ich habe bei diesem Beispiel absichtlich etwas übertrieben. So viele und so lange Pausen müssen Sie natürlich nicht machen. Aber ab und an etwas Zeit zum Nachdenken ist für den Gesprächspartner sehr angenehm ...

*Tipp*

In meinen Seminaren kommt an dieser Stelle häufig der Einwand, dass man doch sofort unterbrochen wird, wenn man eine Pause macht. Das stimmt nicht ganz. Wir unterbrechen nur Menschen, denen wir nicht zuhören wollen. Wenn Sie aber so sprechen, dass es interessant ist, Ihnen zuzuhören, wird man Sie auch in einer Pause nicht unterbrechen. Man wird vielleicht eine Zwischenfrage stellen (siehe Seite 44), aber man wird Sie nicht des Wortes berauben. Selbst wenn es in einer Diskussionsrunde jemanden gibt, der Sie nicht mag und Sie deshalb ständig unterbricht, können Sie auf die Kraft der Pause vertrauen. Denn wenn Sie Ihre Argumente gut vorgetragen haben, dann unterbricht derjenige nicht nur Sie, sondern auch die Gedanken der übrigen Teilnehmer. Und Sie können sicher sein, dass diese das auf Dauer nicht lustig finden, da es sie interessiert, was Sie noch zu sagen haben. Ergreifen Sie also einfach wieder das Wort, die Aufmerksamkeit der Teilnehmer (vielleicht mit einer Ausnahme) wird Ihnen sicher sein.

## Pausen verschaffen Ihnen die Aufmerksamkeit

Wer kennt folgende Situation nicht? Sie halten einen Vortrag oder eine Rede, und mit einem Mal fangen zwei Zuhörer an, sich zu unterhalten. Was nun? Sie können versuchen, lauter zu reden, damit das restliche Publikum Sie trotzdem versteht. Das aber führt meist dazu, dass andere ebenfalls anfangen zu tuscheln, weil sie denken, dass ihr kleines Gespräch nun – dank der erhöhten Geräuschkulisse – nicht weiter auffallen wird. Besser ist es also, den »Plaudertaschen« die Geräuschkulisse zu entziehen, statt sie zu erhöhen, zum Beispiel indem Sie eine Pause machen und schwei-

gen. Das hat einen ähnlichen Effekt, wie in einer Disco die Musik abzustellen: Alle werden sofort in Ihre Richtung schauen, um zu erfahren, was los ist. Und selbst wenn die beiden Tuschler die Veränderung nicht gleich bemerken, können Sie sich getrost auf die Gruppendynamik verlassen. Denn die anderen Zuhörer möchten bestimmt wissen, wie es weitergeht, und werden die beiden von sich aus auffordern, ihr Gespräch nun endlich einzustellen. Haben Sie schließlich wieder die Aufmerksamkeit aller, reden Sie weiter. Das funktioniert auch bei Kindern hervorragend. Trotzdem neigen viele Lehrer nach wie vor dazu, immer lauter zu werden, und sind am Abend dann völlig heiser.
Es spielt übrigens keine Rolle, ob Sie mitten im Satz aufhören zu reden oder erst am Ende. Und während Sie schweigen, blicken Sie freundlich in die Runde, nicht böse oder genervt. Lächeln Sie zunächst diejenigen an, die zuhören, dann diejenigen, die reden.
Übrigens: Solche »Aufmerksamkeitspausen« haben sich auch im Vieraugengespräch bewährt ...

*Tipp*
Mindestens ebenso hilfreich ist es, eine Pause einzulegen, noch ehe Sie überhaupt mit Ihrer Rede oder Ihrem Vortrag angefangen haben. Gehen Sie nach vorn, stellen Sie sich an den vorgesehenen Platz, bauen Sie Blickkontakt auf, und warten Sie – warten Sie, bis es vollkommen ruhig geworden ist. Erst dann fangen Sie an zu sprechen.

Noch eine kleine Anekdote dazu: Ich habe bei Radio Schleswig-Holstein drei Jahre lang den Vormittag moderiert. Ich hatte täglich Millionen Zuhörer. Aber wissen Sie, wann ich mir wirklich der Aufmerksamkeit jedes Einzelnen sicher sein konnte? Als wir einen Sendeausfall hatten. Das Radio ist ein Medium, das in der Regel nebenbei gehört wird. Es erhöht einfach nur die Geräuschkulisse im Auto, in der Wohnung oder im Büro. Bricht diese Geräuschkulisse nun unerwartet weg, weil die Technik versagt, dann rückt das Radio plötzlich in den Mittelpunkt des Interesses. Die Zuhörer blicken von dem, was sie gerade tun, auf und richten ihre Aufmerksamkeit auf das Radio (vielleicht schütteln sie es sogar), weil sie wissen wollen, was da los ist. Eine so hohe Aufmerksamkeitsquote hätte ich selbst mit dem besten Witz und dem tollsten Song niemals erreichen können ...

## Sie können Ihrem Gesprächspartner Informationen entlocken

Wie wir bereits gesehen haben, empfinden viele Menschen Pausen als unangenehm. Die Folge: Sie reden einfach immer weiter, damit nur ja kein Moment des Schweigens entsteht. Und genau das machen sich andere – die Pausen sehr wohl aushalten können – zunutze. Eine Seminarteilnehmerin berichtete mir vor Kurzem, wie das bei ihr im Büro abläuft: Ihr Chef bittet sie (oder eine Kollegin) in sein Büro und sagt beispielsweise: »Ich habe in letzter Zeit das Gefühl, dass in Ihrer Abteilung nicht alles rund läuft. Können Sie mir sagen, was genau da los ist?« Die Befragte antwortet dann: »Bei uns ist alles in Ordnung. Ich habe keine Spannungen bemerkt.« Doch statt nun eine weitere Frage zu stellen, schaut er sie unverwandt an und macht eine Pause. Er sagt einfach nichts. Nach kurzer Zeit wird das höchst unangenehm, und die Angestellte fängt wieder an zu reden, um die Pause zu überbücken: »Letztens gab es ein kleines Problem bei der Urlaubsplanung, weil Frau Müller, die keine Kinder hat, auch mal einen Brückentag nutzen wollte. Aber das haben wir mittlerweile längst geklärt – genauso wie die Sache mit der Parkplatzverteilung ...« Und schon ist es passiert: Sie hat sich, bildlich gesprochen, um Kopf und Kragen geredet. Er ist so an Informationen herangekommen, die er anderweitig vielleicht nie erhalten hätte, denn er hätte ja gar nicht gewusst, wonach er genau fragen soll. Also hat er die Frage ganz allgemein gehalten und darauf spekuliert, dass seine Mitarbeiterin die Pause nicht aushalten wird und ihm die gewünschte Auskunft quasi auf dem Silbertablett serviert.

**Da hilft nur eines: Pausen aushalten**

Bei solchen Psychospielchen hilft leider nur eines – die Pause aushalten, egal, wie lange sie dauert. Sie können in der Zwischenzeit einen Schluck Kaffee trinken, aus dem Fenster schauen oder Ihren Gesprächspartner beobachten – aber sagen Sie nichts. Warten Sie ruhig auf die nächste Frage. Und die wird früher oder später kommen! Folgt auf diese wieder eine Pause, schweigen Sie auch nach Ihrer Antwort wieder. Ganz nach dem Motto: »Wer zuerst spricht, verliert.« Die Teilnehmerin hat nach dem Seminar genau das gemacht. Ihr Chef und sie haben sich sage und schreibe 3 Minuten angeschwiegen (sie hat auf die Uhr geschaut)! Danach hat er es nie wieder bei ihr probiert ...

*Tipp*

Besonders gern wird dieser Trick des Wartens auf das, was der andere eigentlich lieber nicht sagen würde, bei Vorstellungsgesprächen eingesetzt. Der zukünftige Vorgesetzte möchte Ihnen so nicht nur zusätzliche Informationen entlocken, sondern auch herausfinden, wie Sie mit Spannungen und unangenehmen Situationen umgehen. (Flüchtet er, in diesem Fall in Worte, oder hält er es aus?) Halten Sie sich in dieser Situation immer vor Augen, dass Ihr Gesprächspartner am Zug ist, nicht Sie. Legt er eine Pause ein, befindet sich der Ball in seiner Spielhälfte. Es ist an ihm, etwas zu sagen.

### Die positive Seite sehen

Allerdings sollten wir dieses »Informationen entlocken« nicht nur negativ sehen. Denn einen schalen Beigeschmack hat es eigentlich nur, wenn es in einem Abhängigkeitsverhältnis zum Einsatz kommt, in dem die Machtverhältnisse sehr einseitig sind. Denken Sie aber zum Beispiel einmal an ein Kundengespräch: Sie als Verkäufer machen Small Talk, stellen eine Frage und füllen nicht sofort die nächste Pause, sondern überlassen das Ihrem Kunden. Die Informationen, die Sie so erhalten, werden Ihnen ganz sicher helfen, dessen Wünsche und Bedürfnisse noch besser zu erkennen und zu erfüllen – ein Gewinn für beide.

## Mit Pausen schenken Sie Ihrem Gegenüber Zeit

Der letzte Grund, warum Sie Pausen machen sollten: Jeder von uns hat ständig zu wenig Zeit, ist ständig gehetzt, ständig auf dem Sprung. Deswegen versuchen wir, wo immer möglich, Zeit zu sparen. Häufig leider auch bei der Beantwortung von Fragen. Wir holen schon Luft, um zu antworten, während unser Gegenüber noch dabei ist, seine Frage zu formulieren. Und kaum ist er fertig, platzen wir schon mit der Antwort heraus. Das Dumme dabei ist: Wir vermitteln unserem Gesprächspartner so das Gefühl, dass wir ihn und seine Frage nicht ernst nehmen, ihn nicht wertschätzen.

Ein Beispiel: Ich frage meinen Freund, während wir beide gemütlich auf der Couch lümmeln: »Du, Schatz, ich würde dieses Jahr so gern Urlaub in der Schweiz machen. Hast du Lust?« Und er antwortet wie aus der Pistole geschossen: »Nö!« Was glauben Sie wohl, wie ich auf diese Antwort reagiere (immerhin reden wir hier über einen gemeinsamen Urlaub im Land der Berge, Seen und lila Kühe und nicht darüber, ob wir morgen Mittag Pizza oder lieber Pasta essen wollen)? Richtig: sauer! Weil ich ihm unterstelle, dass er nicht einmal darüber nachgedacht hat. Denn dafür hätte er ja eine Pause machen müssen ...

Wenn er also schlau gewesen wäre, hätte er kurz innegehalten und wenigstens so getan, als würde er meinen Vorschlag in Erwägung ziehen, bevor er antwortet. Dann hätte ich vielleicht noch nach dem Warum fragen können, aber mir wäre klar gewesen, dass sein Nein wohlüberlegt ist. So jedoch wird ihn seine übereilte Antwort letztlich weit mehr Zeit kosten (um den angerichteten »Schaden« wiedergutzumachen), als er damit gespart hat.

Ein weiteres Beispiel: Einer meiner Seminarteilnehmer war Verkäufer in einem großen Elektromarkt. Dort brach – gerade an den Samstagen – regelmäßig eine wahre Flut von Kundenfragen über ihn herein, die er kaum bewältigen konnte. Während er mit einem Kunden redete, standen schon zehn weitere in der Warteschlange und wollten auch ganz dringend ein Beratungsgespräch. Er hat sich regelrecht den Mund fusselig geredet: »Sie suchen einen DVD-Player? Soll er für Sie selbst sein? Haben Sie denn schon einen Favoriten ins Auge gefasst? Okay, dann stelle ich Ihnen mal die folgenden Modelle vor: Dieser hier hat die, die und die Vorzüge, während jener eher für xy geeignet ist. Der hier wird auch gern gekauft und ist zudem gerade im Sonderangebot. Und dann haben wir noch diesen und diesen und diesen ...« Kein Wunder, dass er abends nicht mehr reden wollte und völlig erledigt war.

Ich habe ihm geraten, er solle erst seine Fragen stellen und dann erst einmal eine Pause machen. Dazu meinte er nur: »Was? Ich habe doch jetzt schon keine Zeit!« Aber er hat es trotzdem probiert, und seitdem schafft er viel mehr Beratungsgespräche als vorher – weil diese jetzt so ablaufen: »Sie suchen einen DVD-Player? Soll er für Sie selbst sein? Haben Sie denn schon einen Favoriten ins Auge gefasst?« Hat er die Antworten auf diese Fragen, macht er erst einmal eine Pause von ein oder zwei Atemzügen und überlegt (zumindest tut er so, weil er die Antwort aufgrund seiner Erfahrung meist schon parat hat). Dann sagt er:

»Ah, da habe ich genau das richtige Gerät für Sie, denn es kann dies, das und jenes. Darf es etwas mehr kosten, rate ich Ihnen zu diesem DVD-Player, da er zusätzlich noch diese und jene Funktion hat. Wollten Sie eigentlich nicht so viel ausgeben, empfehle ich Ihnen dieses Modell, wobei Sie bedenken müssen, dass ihm dies und jenes fehlt.«

So hat der Kunde das Gefühl, der Verkäufer habe sich ernsthaft mit seinem Anliegen auseinandergesetzt und eine auf ihn zugeschnittene, individuelle Lösung gefunden. Damit sind beide zufrieden – der Kunde fühlt sich bestens beraten, und mein Seminarteilnehmer kann sich schnell dem Nächsten in der Warteschlange zuwenden. Das heißt, indem er dem Kunden und dessen Anliegen ein wenig mehr Zeit schenkt, spart er im Endeffekt Zeit. Denn gewinnt der Kunde den Eindruck, dass er mit einer 08/15-Standardantwort abgespeist werden soll, wird er immer wieder nachhaken, und Sie werden eine Menge Zeit benötigen, ihn davon zu überzeugen, dass Ihre Empfehlung letztlich doch die richtige ist.

Lassen Sie mich Ihnen noch ein Beispiel geben: Eine Mitarbeiterin, die keine Kinder hat, möchte gern in den Weihnachtsferien Urlaub nehmen. Sie geht also zu ihrem Chef und sagt: »Herr Krüger, ich hätte dieses Jahr gern Weihnachten frei. Ich weiß, Kollegen mit Familie werden bevorzugt, aber ich würde trotzdem auch gern einmal an Weihnachten Urlaub nehmen. Ginge das?«

Die prompte Antwort: »Nein!« Und weil die Antwort so schnell kam, denkt sich die Mitarbeiterin: »Wahrscheinlich habe ich ihn einfach auf dem falschen Fuß erwischt. Ich frage ihn bei passender Gelegenheit einfach noch mal.« Also steht sie in der kommenden Woche wieder im Büro ihres Vorgesetzten und fragt noch einmal ...

Kennen Sie das auch, dass jemand immer und immer wieder die gleiche Frage stellt, höchstens leicht umformuliert? Wenn ja, kann es sein, dass Sie zu schnell antworten und dem Fragenden so den Eindruck vermitteln, dass das nicht Ihre endgültige Antwort ist. Probieren Sie es mit einer kleinen Pause, und Sie werden sehen, dass sich das ändern wird. Denn überzeugend zu reden, heißt in erster Linie, überzeugend Pausen zu machen.

*Übung*

1) Stellen Sie sich Ihr absolutes Lieblingsgericht vor, eines, bei dem Ihnen buchstäblich das Wasser im Mund zusammenläuft, schon allein wenn Sie es riechen. Haben Sie es vor Augen? Und den Duft in der Nase? Gut, dann nehmen Sie sich jetzt irgendein Buch, eine Zeitung oder eine Zeitschrift, und lesen Sie einen beliebigen Satz daraus laut vor. Am Ende des Satzes stellen Sie sich dann Ihr Lieblingsgericht vor und atmen seinen leckeren Duft tief ein. Dann lesen Sie den zweiten Satz und nehmen sich danach wieder die Zeit, den verführerischen Duft Ihrer Leibspeise einzuatmen ... Schaffen Sie es schließlich problemlos, zwischen Lesen und »den leckeren Duft einatmen« zu wechseln, üben Sie es auch beim Telefonieren mit einer Freundin oder einem guten Bekannten. Haben Sie sich schließlich irgendwann an diese Pausen gewöhnt, dann können Sie auch innehalten, ohne dass Sie an Ihre Lieblingsspeise denken müssen. Auch hier gilt: Übung macht den Meister. Vorsicht: Es kann sein, dass diese Übung Sie anfangs etwas irritiert. Deshalb sollten Sie erst einmal im stillen Kämmerlein üben und nicht während einer wichtigen Besprechung!

2) Sie können den Einsatz von Pausen auch wieder mit dem Kassettenrekorder trainieren (siehe Seite 38).

3) Die beste Übung ist aber nach wie vor die Anwendung in der Praxis. Beobachten Sie andere beim Sprechen, und ver-

suchen Sie ganz bewusst, selbst Pausen zu machen. Denn wenn Sie erst einmal erlebt haben, wie machtvoll eine Pause sein kann und wie positiv Sie damit ein Gespräch beeinflussen können, werden Sie sie nie mehr missen wollen.

*Zusammenfassung: Kommunikationsfalle Pausen*

- Pausen sind etwas Schönes!
- Wer die Wahrheit sagt, kann auch entspannt eine Pause aushalten.
- Wecken Sie Emotionen in Ihrem Gesprächspartner, indem Sie Pausen machen.
- Verwenden Sie lieber weniger Argumente, die Sie mit Pausen unterstreichen, als dass Sie ununterbrochen reden.
- Indem Sie gezielt mit Pausen arbeiten, wirken Sie überzeugender.
- Wenn Ihnen jemand mithilfe einer Pause Informationen entlocken möchte, gilt: Wer zuerst spricht, hat verloren.
- Mit Pausen bekommen Sie Aufmerksamkeit und halten die Spannung.
- Schenken Sie Ihrem Gegenüber Zeit: Denken Sie über die gestellte Frage kurz nach, bevor Sie antworten. Dadurch sparen Sie unter Umständen viel Zeit und Ärger.

# Kommunikationsfalle Atmung

Wenn ich meinen Seminarteilnehmern sage, dass wir erst einmal die Atmung üben werden, bevor wir überhaupt ans Reden denken können, höre ich häufig Folgendes: »Was!? Ich kann doch atmen! Was ist denn damit nicht in Ordnung?« So gesehen, kann auch fast jeder reden, aber überzeugend reden können nur wenige – und die haben das in der Regel auch erst üben müssen ...

Also, natürlich kann jeder von uns atmen, sonst hätten wir ein echtes Problem, aber in diesem Fall kommt es auf die richtige Art der Atmung an, nämlich die tiefe Atmung (auch Bauchatmung genannt). Zur Verdeutlichung: Wenn wir einatmen, saugt sich unsere Lunge aufgrund des nach dem Ausatmen entstandenen Unterdrucks mit Luft voll und dehnt sich. Sie kennen dieses Prinzip von einer Spritze. Wollen Sie die mit Flüssigkeit oder Luft füllen, ziehen Sie den Kolben nach oben. Es entsteht ein Unterdruck, und die Flüssigkeit beziehungsweise Luft wird in den Spritzenkörper gesogen. Beim Ausatmen zieht sich die Lunge dann wieder zusammen, wodurch die Atemluft aus ihr herausgepresst wird. Und um das zu bewerkstelligen, gibt es verschiedene Möglichkeiten:

Am weitesten verbreitet ist die sogenannte Brustatmung, bei der die Zwischenrippenmuskeln die Rippen nach außen drücken, wodurch der Brustkorb geweitet wird. Da das Rippenfell mit dem Lungenfell verbunden ist, werden so auch die Lungenflügel gedehnt. Die Brustatmung funktioniert damit ähnlich wie ein Blasebalg und wird von den meisten Menschen als die »normale« Atmung empfunden. Leider, denn durch diese »hohe« Atmung berauben sie sich – aus Gewohnheit oder Eitelkeit (wir kommen gleich darauf zurück) – eines Teils ihres Stimmvolumens, ihrer Überzeugungskraft, ihrer Präsenz und so weiter.

Das Gegenstück zur Brustatmung ist die Bauchatmung, die streng genommen eigentlich Zwerchfellatmung heißt, weil dabei hauptsächlich dieser »Atemmuskel« zum Einsatz kommt. Das Zwerchfell ist eine Muskel-Sehnen-Platte, welche die Brust von der Bauchhöhle trennt. Beim Einatmen zieht sich das – im Ruhezustand leicht nach oben gewölbte – Zwerchfell zusammen, wodurch sich die Lungenflügel nach unten ausdehnen. Es ist jedoch ein Irrglaube, dass sich die Lunge wirklich bis in den Bauch ausdehnt, der vermutlich auf dem in dieser Hinsicht etwas irreführenden Namen beruht. Aber sie dehnt sich immerhin so weit aus, dass die Gedärme gezwungen sind, sich einen neuen Platz »eine Etage tiefer« zu suchen. Die Folge: Wir werden im Bauch (Stichwort »Eitelkeit«), in den Flanken und sogar im Rücken etwas weiter. Beim Ausatmen entspannt sich das Zwerchfell dann wieder, die Lunge wird kleiner, und die darin enthaltene Luft entweicht über Mund und Nase.

*Tipp*

Früher haben nur wir Damen den Bauch eingezogen, aber mittlerweile machen es auch die Herren. Es gehört heute schon fast zum guten Ton, damit der auf Taille geschnittene Anzug beziehungsweise das figurbetonende Kleid oder Kostüm perfekt sitzt und die Silhouette stimmt. Doch auch wenn es – zumindest nach unserem heutigen Schönheitsideal – besser aussieht, Ihre Stimme wird dadurch nicht besser. Im Gegenteil, denn nur aus einem entspannten Körper kommt auch ein entspannter Ton. Leider gilt daher Folgendes: entweder gut aussehen oder überzeugend reden.

Wir setzen die Bauchatmung unbewusst immer dann ein, wenn wir entspannt sind, also beim Sitzen auf dem Sofa oder beim Schlafen. Ihre Vorteile sind, dass dabei weniger Energie als bei

der Brustatmung verbraucht wird (weil weniger Muskeln benötigt werden), der Blutdruck sinkt zudem, und die Verdauung wird gefördert.
So, nun wissen Sie, wie die Bauchatmung funktioniert, aber immer noch nicht, warum sie für das Reden so wichtig ist. Dazu kommen wir gleich, nachdem ich Ihnen gezeigt habe, wie Sie die tiefe Atmung üben können.

*Übung*

1) Legen Sie sich hin, und spüren Sie zunächst einmal nur, wie Sie atmen. Nehmen Sie einige Atemzüge, und Sie werden merken, wie der Atem von allein ruhiger und tiefer wird. Tief atmen bedeutet, dass sich der Bauch bis hinunter zum Schambein bewegt. Dorthin legen Sie Ihre Hand und versuchen, »in die Hand zu atmen«. Wichtig: Der Bauch sollte sich zuerst unten weiten und dann erst oben weit werden. (Manchen hilft es, wenn sie sich den Bauch als Wasserglas und die Luft als Wasser vorstellen.) Aber bitte nur bis zum Beginn der Rippenbögen einatmen (dort hört das Wasserglas auf). Danach beginnt bereits wieder die Brustatmung.
Damit Sie beim Üben nicht hyperventilieren, halten Sie sich am besten an folgenden Rhythmus: Einatmen – Luft anhalten – ausatmen – Pause. Dabei sollte sich der Brustkorb nicht bewegen, nur der Bauch. Manchmal hilft es auch, wenn Sie sich ein Buch auf den Bauch legen: Beim Einatmen heben Sie es an, beim Ausatmen bewegen Sie es wieder nach unten. Der hier beschriebene Rhythmus (Einatmen – Luft anhalten – ausatmen – Pause) hilft, wenn Sie ihn

verlangsamen, übrigens auch bei Einschlafproblemen. Je langsamer Sie atmen, desto langsamer schlägt Ihr Herz. So kommen Sie rasch zur Ruhe und finden bald in den Schlaf.
2) Da Sie Ihre Rede aber nicht im Liegen halten können, üben wir das Ganze nun im Stehen: Stellen Sie sich aufrecht hin. Legen Sie die Hände auf den Bauch, wieder knapp oberhalb des Schambeins, und entspannen Sie Ihren Brustkorb. Üben Sie allein, stellen Sie sich am besten vor einen Spiegel. So können Sie gut kontrollieren, ob sich Ihr Brustkorn und Ihre Schultern bewegen. Denn beim Einatmen sollte sich – wie im Liegen auch – nur der Bauch bewegen, und zwar nach außen. Stellen Sie sich dabei wieder das Wasserglas vor, das Sie von unten nach oben füllen.
Oft höre ich bei dieser Übung von Teilnehmern, dass sie auf diese Weise nicht genügend Luft bekommen würden. Doch das will Ihnen Ihre Gewohnheit, Ihr innerer Schweinehund nur einreden. Denn tatsächlich bekommen Sie bei der tiefen Atmung ähnlich viel Luft wie bei der hohen. Das Gefühl, bei dieser Übung nicht genügend Luft zu bekommen, kommt meist daher, dass Sie Ihren Bauch nicht ausreichend entspannen. Übrigens: Brauchen Sie wirklich viel Luft, zum Beispiel beim Tiefseetauchen oder beim Singen einer Wagner-Oper, dann atmen Sie sowohl tief als auch hoch. Probieren Sie es doch einfach mal aus: Atmen Sie tief in den Bauch ein und dann noch in den Brustkorb. Merken Sie, wie unangenehm das ist? Wie es Ihnen förmlich die Kehle zuschnürt und Sie überall verkrampfen? Versuchen Sie also bitte nicht, zu viel einzuatmen, denn so wollen Sie sich bei Ihrer nächsten Rede/Ihrer nächsten Präsentation bestimmt nicht fühlen. Taucher und Wagner-Sänger üben

sehr lange, um mit einem so großen Lungenvolumen umgehen zu können.
3) Wie schon erwähnt, werden die Gedärme bei der tiefen Atmung nach unten in den Bauchraum gedrückt. Deshalb sollten Sie nicht nur den Bauch dehnen, sondern auch die Flanken und den Rücken: Drücken Sie Ihre Hände fest auf Ihre Taille (am besten wieder vor dem Spiegel üben), und versuchen Sie, die Hände beim Einatmen »wegzuatmen«, also nach außen zu drücken. So erhalten die Gedärme mehr Platz, und das Zwerchfell kann entspannt in die Bauchhöhle schwingen. Beim Ausatmen dann alles wieder entspannen. Wenn Ihnen das gut gelingt, legen Sie die Hände – in gleicher Höhe – auf den Rücken, direkt auf die Muskelstränge, die neben der Wirbelsäule verlaufen. Auch dort sollte beim Einatmen alles weit werden. Das ist dann sozusagen die Königsdisziplin. Denn wenn Sie »in den Rücken atmen«, dann atmen Sie automatisch auch in die Flanken und in den Bauch. Es reicht also, dann nur noch auf den Rücken zu achten. Und noch ein Tipp: Klappt das mit der Rückenatmung nicht sofort, versuchen Sie es zunächst mit nach vorn gebeugtem Oberkörper (den Nacken dabei entspannen).
Tipp: Üben Sie lieber mehrmals am Tag einige Minuten als einmal eine halbe Stunde. Das steigert die Wahrscheinlichkeit, dass Sie überhaupt zum Üben kommen. Und darüber hinaus lassen sich so auch Wartezeiten prima als Trainingseinheiten nutzen. Drücken Sie an der Bushaltestelle (an der Supermarktkasse, im Wartezimmer ...) einfach wie beschrieben die Hände auf die Taille, und versuchen Sie sie »wegzuatmen«. Oder Sie lehnen sich im Schreibtischstuhl kurz nach hinten und atmen gegen die Lehne.

## Sie bekommen keinen Blackout und behalten den roten Faden

Das ist der erste Grund, warum die richtige Atmung so wichtig ist. Sie kennen diese Situation bestimmt auch: Alle hängen gebannt an Ihren Lippen, und auf einmal wissen Sie nicht mehr, was Sie als Nächstes sagen wollen – Ihnen fehlen buchstäblich die Worte! Nun haben Sie inzwischen ja gelernt, dass Pausen wichtig sind, aber diese Pause entwickelt sich schnell zu einem wahren Albtraum.

### Wenn nichts mehr geht – der Blackout

Doch um zu verstehen, wie es dazu kommt, muss ich ein wenig zurückgehen. Erinnern Sie sich noch an das Reptilienhirn oder Neandertalerhirn aus dem ersten Kapitel (siehe Seite 14 ff)? Dann wissen Sie sicher auch noch, dass es bei drohender Gefahr die Kontrolle übernimmt und den Körper innerhalb kürzester Zeit darauf vorbereitet, zu fliehen oder zu kämpfen. Dazu wird unter anderem Sauerstoff aus dem Gehirn abgezogen und in die Muskeln gepumpt. Und das führt dann zum gefürchteten Blackout. Nun werden Sie sich vermutlich fragen, wo denn bei einem Gespräch, einer Rede, einem Vortrag oder einer Präsentation Gefahr lauert. Die Antwort: Sie selbst haben sie Ihrem Neandertalerhirn signalisiert.

Sind wir nervös, angespannt, gestresst oder haben Angst, dann vermutet unser Gehirn, dass irgendetwas nicht stimmt, und wir verfallen automatisch in die Hochatmung beziehungsweise Brustatmung – was wiederum unseren Körper in Alarmbereitschaft versetzt. Und wenn Sie ein wichtiges Gespräch führen, während eines Vortrags verbal angegriffen werden oder eine Kundenpräsentation halten, von der ein großer Auftrag abhängt, dann sind Sie definitiv gestresst. Ihr Neandertalerhirn wittert Gefahr und reagiert.

## Wege aus der Stressfalle

Deshalb ist es wichtig, dass Sie tief atmen, denn die Bauchatmung entspannt Sie (siehe Seite 56) und ist damit die beste Blackout-Prävention.

Stecken Sie bereits im Blackout, haben Sie zwei Möglichkeiten:

1. Gehen Sie. Das funktioniert allerdings nur, wenn Sie nicht hinter einem Rednerpult stehen, denn es würde komisch aussehen, wenn Sie plötzlich anfangen, um das Pult herumzulaufen. Ist das aber nicht der Fall, fällt es überhaupt nicht auf, wenn Sie eine Pause machen, etwas gehen und dann erst weiterreden. Wenige Schritte reichen bereits, um Ihr Gehirn wieder anzukurbeln, ganz nach dem alten Sprichwort: »Ist der Körper im Fluss, sind es auch die Gedanken.« Ihnen wird vielleicht nicht genau das einfallen, was Sie ursprünglich sagen wollten, aber es wird Ihnen etwas einfallen. Und da keiner Ihrer Zuhörer genau weiß, was Sie sagen wollten, wird es in aller Regel niemand merken. Das ist übrigens auch der Grund, warum viele von uns beim Denken auf und ab gehen oder warum uns beim Joggen beziehungsweise Wandern so viele Ideen einfallen. Auch kennen Sie ganz bestimmt folgende Situation: Sie sitzen vor dem sprichwörtlichen weißen Blatt Papier (oder dem leeren Word-Dokument) und haben keine Ahnung, was Sie schreiben sollen. Sie finden einfach keinen passenden Einstieg. Völlig verzweifelt holen Sie sich einen Becher Kaffee, und auf dem Rückweg zu Ihrem Schreibtisch kommt Ihnen prompt der zündende Gedanke. (Wir kommen auf das Thema »Gehen« im Kapitel »Kommunikationsfalle Körpersprache« noch einmal zu sprechen.)
2. Atmen Sie aus. Sie haben schon eine ganze Weile zu hoch und zu viel Luft eingeatmet. Stellen Sie das Atemgleichgewicht wieder her, indem Sie eine Pause machen und sich nur auf die Ausatmung konzentrieren. Je länger Sie ausatmen und je tiefer Sie im Anschluss daran einatmen, desto leichter normalisiert sich Ihre Atmung. Sie werden ruhiger, das Denkhirn fährt wieder hoch, und Sie finden den roten Faden wieder.

*Tipp*

Die zweite Möglichkeit, das simple Ausatmen, eignet sich auch hervorragend für Prüfungssituationen in der Schule. Viele Schüler atmen vor (oder auch während) einer Prüfung zu viel und zu hoch, sodass sie das Gelernte dann nicht mehr abrufen können – egal, wie gut und wie lange sie sich auf den Test vorbereitet haben. Leider wissen das viele Lehrer aber nicht, weswegen Sie es Ihren Kindern erklären sollten. Sagen Sie ihnen einfach, sie sollen in Prüfungssituationen einfach immer mal wieder dreimal lange ausatmen.

**Der Lautstärkeregler**

Ein weiteres Problem bei der Hochatmung ist übrigens, dass Sie die Lautstärke, mit der Sie sprechen, nicht kontrollieren können. Warum nicht? Weil Sie bei der Hochatmung mit deutlich weniger Atemmuskeln arbeiten (nämlich nur mit Ihren Zwischenrippenmuskeln). Doch nur die gesamte Atemmuskulatur ermöglicht es Ihnen, den Ton zu »stützen« und die Lautstärke aktiv zu beeinflussen. Das hohe Atmen führt dazu, dass Sie zunächst – gleich nach dem Einatmen – laut reden und dann immer leiser werden. Jeder, der schon mal beim Rundfunk gearbeitet hat, kennt dieses Phänomen: Man zeichnet ein Gespräch auf, und hinterher muss fast bei jedem Satz die Lautstärke ausgeglichen werden, weil der Interviewpartner am Anfang zu laut und zum Schluss zu leise gesprochen hat.

Mit der tiefen Atmung kann Ihnen das nicht passieren. Denn dafür benötigen Sie sowohl das Zwerchfell als auch die Stützmuskulatur im unteren Bauchbereich (Leistengegend, Flanken, Rücken). Sie haben also ausreichend Muskeln zur Verfügung, mit denen Sie die Lautstärke Ihrer Stimme regulieren können. Vielleicht möchten Sie ja leise anfangen und dann lauter werden. Oder mal einen ganzen Satz laut beziehungsweise sehr leise sprechen. Alles kein Problem, wenn Sie tief atmen!

*Tipp*
Ist Ihnen das tiefe Atmen noch nicht in Fleisch und Blut übergegangen, dann nutzen Sie Ihren Gürtel als Atemhilfe – ganz gleich, ob Sie ihn um die Taille tragen oder er auf der Hüfte sitzt. Schnallen Sie ihn einfach etwas lockerer, als Sie es normalerweise tun. Atmen Sie nun gegen den Gürtel. Beim Einatmen ist er stramm gefüllt, beim Ausatmen wieder locker. Der Brustkorb bewegt sich dabei nicht!

## Sie bekommen Ihr Lampenfieber in den Griff

Auch beim Lampenfieber ist es die Atmung, die uns einen Streich spielt. Das liegt daran, dass wir häufig instinktiv (laut) einatmen, bevor wir mit einer anstehenden Aufgabe beginnen (siehe http://www.m-vg.de/link/ichrede, Track 8). Und in den meisten Fällen ist das auch kein Problem, denn normalerweise folgen Vorhaben und Ausführung kurz hintereinander. (»So, dann schreibe ich noch schnell den Brief an die Versicherung.« Gesagt, getan: Sie setzen sich hin und beginnen zu tippen.) Kritisch wird es immer dann, wenn Sie viel Zeit haben, bevor es endlich »losgeht« – und die haben Sie in der Regel vor einem unangenehmen Gespräch, einer Rede oder einer Präsentation. Dann hört sich das Ganze nämlich so an wie in Track 9. Das heißt, Sie atmen ein, atmen ein, atmen ein und vergessen dabei völlig das Ausatmen. Sie sind einfach nicht entspannt genug, um auszuatmen. Zudem sagt Ihr Kopf ständig: »Die Aufgabe steht noch bevor, also EINATMEN!« Irgendwann aber ist die Lunge voll. So voll, dass nichts

mehr reingeht – gar nichts mehr. Ihr Brustkorb fühlt sich an, als wäre er aus Beton, und Sie fürchten, jeden Moment zu ersticken. Sie sind auf dem besten Weg zu hyperventilieren, wobei schon die Vorstufen richtig »spannend« sind: Die Hände zittern, die Knie zittern, die Stimme zittert, Ihnen ist schwindelig, Sie spüren Ihren Körper nicht mehr ... Und immer noch kommt der Befehl, weiter einzuatmen.
Das ist in dieser Situation natürlich völliger Unsinn, denn was Sie jetzt wirklich machen sollten, ist – wie schon beim Blackout angesprochen – AUSATMEN! Nicht nur kurz, sondern so lange wie möglich. Sind Sie unbeobachtet, dann atmen Sie laut auf »Sch« oder auf »F« aus – wiederum so lange es geht. Dann kurz einatmen und sofort wieder lange ausatmen. Wenn Sie das drei- oder viermal gemacht haben, ist alles wieder in Ordnung. Das Zittern und das Schwindelgefühl hören auf, Ihr Körper gehorcht Ihnen wieder.

**Einfach ausatmen!**
Sie können nicht glauben, dass es so einfach sein soll? Dann geht es Ihnen ähnlich wie den beiden netten Studenten, die mich kürzlich für ihre Diplomarbeit zum Thema »Lampenfieber« interviewt haben. Aber auch ihnen habe ich auf die Frage, was man gegen Lampenfieber tun kann, schlicht geantwortet: »Ausatmen!« Das Ausatmen ist übrigens der Grund, warum so viele Menschen sagen: »Wenn ich vor einer Gruppe reden muss, dann bin ich immer furchtbar aufgeregt – aber nur die ersten fünf Minuten, danach geht es dann.« Klar, weil wir nur sprechen können, während wir ausatmen. Sprechen ist quasi Ausatmen, und dadurch werden wir automatisch ruhiger, wenn wir angefangen haben zu reden. Hält das Lampenfieber doch einmal länger an, dann können Sie so auch bewusst gegensteuern: Machen Sie einfach eine Pause, und atmen Sie lautlos aus – so lange wie möglich! Und bei der nächsten Pause wieder: kurz einatmen

und so lange wie möglich ausatmen. Ihre Zuhörer werden das nicht merken.

Apropos Lampenfieber: Ein bisschen Lampenfieber gehört immer dazu. Immer! Ich habe schon Musiker und Schauspieler erlebt, die ihren Beruf aufgegeben haben, weil sie vor einem Auftritt nicht mehr nervös waren. Und das völlig zu Recht. Denn wir brauchen diese Energie, diesen Adrenalinkick, um richtig gut sein zu können. Sind wir irgendwann an dem Punkt angelangt, an dem wir keinen Respekt mehr vor dem haben, was wir tun, dann singen, spielen oder reden wir auch dementsprechend. Es ist also nie das Ziel, überhaupt nicht mehr aufgeregt zu sein, sondern die Aufregung mithilfe der Atmung kontrollieren zu können.

*Tipp*

Singen Sie! Damit meine ich jetzt nicht, dass Sie vor Ihren Zuhörern singen sollen, aber beispielsweise auf dem Weg zu einem wichtigen Termin im Auto. Es spielt dabei keine Rolle, ob Sie gut singen können oder nicht! Das Wichtige ist, dass Sie beim Singen ausatmen. So kann das Lampenfieber gar nicht erst zuschlagen. Ich weiß noch genau, wie mein Großvater früher immer zu mir gesagt hat, ich solle singen, wenn ich Angst davor hätte, im Dunkeln allein durch den Wald zu gehen. Nun könnte man einwenden, dass es per se keine gute Idee ist, als junge Frau nachts allein durch den Wald zu spazieren und dann auch noch mit dem Gesang jeden auf sich aufmerksam zu machen. Andererseits habe ich durch das Singen ausgeatmet, und ich hatte tatsächlich weniger Angst. Sie können übrigens auch pfeifen, denn Pfeifen ist ebenfalls Ausatmung und hat somit den gleichen Effekt.

## Zur Not: eine rauchen

Rauchen Sie? Keine Angst, jetzt kommt nicht der erhobene Zeigefinger (obwohl Sie Ihrer Stimme damit nichts Gutes tun, siehe Seite 73), sondern speziell für Sie noch ein weiterer Hinweis: Raucher sind nach dem Rauchen entspannter. Warum? Am Nikotin kann es nicht liegen, denn das putscht den Körper eher auf. Es liegt unter anderem an der Ausatmung. Raucher atmen – wenn Sie genüsslich rauchen und nicht in 10 Sekunden eine Zigarette hektisch wegrauchen – länger aus, als ein. Was die Raucher also so entspannt – und die Raucherecken zu beliebten Plätzen macht – ist die »esoterische« Atempause, die sie sich gerade gönnen. Wenn Rauchern dies bewusst wäre, könnten Sie auf den Glimmstängel verzichten und sich ausschließlich auf die Ausatmung konzentrieren. Und für alle Nichtraucher gilt: Bleiben Sie gleich bei der Atmung und gönnen Sie sich ebenso viele Pausen zum entspannten Ausatmen wie die Raucher. In einem Unternehmen sollte sogar neben dem Raucherraum ein Nichtraucherraum eingerichtet werden!

## Ihre Stimme bekommt mehr Volumen

Viele sind ja der Meinung, dass unserer Stimme nur das als Resonanzraum dient, was sich oberhalb der Stimmbänder befindet (wo der Ton ja erzeugt wird), also unser Kopf. Und so konnte ich während meiner Gesangsausbildung immer wieder Studenten erleben, die sich einen Finger auf die Stirn oder die Nase drückten, weil sie meinten, sie könnten so besser in diesen speziellen Resonanzraum »hineinsingen«. Sah immer furchtbar albern aus und klang, zumindest meiner Meinung nach, nicht besser. Doch zurück zum eigentlichen Thema: Natürlich ist es richtig, dass wir im Kopf viele Resonanzräume haben, zum Beispiel den Rachen, den Mundraum, die Nasenhöhle etc. Aber auch der Körper an sich beeinflusst die Stimme. Sind Sie im Stress oder verärgert, ist Ihr Körper angespannt – und das spiegelt sich in Ihrer Stimme wider. Sie ist höher als normal und klingt gepresst. Liegen Sie dagegen nach Feierabend entspannt auf dem Sofa, klingt Ihre Stimme tiefer und voller (siehe http://www.m-vg.de/link/ichrede, Track 10). Versuchen Sie also, Ihren Körper von den Haarspitzen bis zu den großen Zehen zu spüren und zu entspannen. Denn je entspannter Sie sind und je intensiver Sie Ihren Körper spüren, desto voluminöser klingt Ihre Stimme. Denken Sie sich – frei nach Marlene Dietrich –: Ich bin von Kopf bis Fuß auf Stimmvolumen eingestellt.

**Tief = entspannt = überzeugend**

Das ist auch der Grund, warum wir jemanden mit einer tiefen Stimme meist überzeugender finden als jemanden mit einer hohen Stimme: Wir assoziieren mit der tiefen Stimme automatisch Entspannung und gehen so unbewusst davon aus, dass diese Person ehrlich zu uns ist, und halten sie für kompetent. Eine hohe Stimme nehmen wir dagegen eher als unsicher wahr und fragen uns (ebenfalls unbewusst): Warum ist derjenige unsicher? Ist er etwa selbst nicht von dem überzeugt, was er sagt? Verheimlicht er etwas? Fehlt ihm das entsprechende Fachwissen? Natürlich gibt es auch hohe Stimmen, die überzeugend wirken, genauso wie es Situationen gibt, in denen eine höhere Stimme generell angemessen ist, zum Beispiel beim Small Talk oder wenn wir ein Kind zum Spielen auffordern. In der Regel aber gilt die Formel: tief = entspannt = überzeugend. Und was hilft Ihnen beim Entspannen? Sie ahnen es wahrscheinlich schon: die tiefe Atmung.

Übrigens: Während diese Regel für Männer schon immer galt (denken Sie nur an die tapferen Helden aus Kino und Fernsehen), mussten wir Frauen uns das Recht, tief zu sprechen, erst erkämpfen. Die Schauspielerin Brigitte Mira beispielsweise wurde in ihrem ersten Kinofilm noch synchronisiert – weil ihre Stimme für die damalige Zeit zu tief und damit nicht weiblich genug klang. Und auch heute noch empfinden viele Frauen ihre tiefe Stimme eher als Belastung und nicht als Geschenk. Aber halten wir uns doch noch einmal vor Augen, wie eine hohe Stimme bei einem Neandertaler ankommt.

Wir haben den Neandertaler auf Seite 18 unter anderem mit einem kleinen Kind und einem Hund verglichen. Dazu folgendes Beispiel: Eine Teilnehmerin kam zu mir ins Training und meinte bei diesem Thema, dass sie ihre hohe Stimme aber toll finde und sich auch noch nie jemand beschwert habe. Das kann natürlich gut sein. Um ihr aber trotzdem zu zeigen, was dieser Stimmklang bewirkt, habe ich meinen Hund Bruno hereingeholt und sie gebeten, mit ihm zu sprechen. Sie sagte: »Hallo, Bruno, du bist ja ein ganz Feiner. Schön, dass ich dich kennenlernen darf. Warst du die ganze Zeit in der Küche?« Bruno sprang fröhlich um sie herum, weil er dachte, dass sie mit ihm spielen wolle. Danach bat ich sie, die Stimme zu senken und es noch einmal zu versuchen. Das Ergebnis: Bruno wurde sofort ruhig, setzte sich hin und wartete auf Anweisungen. Daraufhin meinte ich zu meiner Klientin: »Was soll Ihr Chef denken, wenn Sie zu ihm ins Büro gehen und ihm eine richtig gute Idee präsentieren? Spielzeit? Oder doch eher: Tolle Idee, darüber sollten wir nachdenken?«
Auch zu Kindern sprechen wir mit einer hohen Stimme, wenn wir sie aufmuntern, trösten, ablenken oder zum Spielen auffordern wollen. Wenn wir sie allerdings dazu bewegen möchten, ihr Zimmer aufzuräumen, dann ist die hohe Stimme kontraproduktiv. Und wollen Sie als Mutter da wirklich warten, bis Papa (mit der tiefen Stimme) nach Hause kommt? Sicher nicht. Deshalb verrate ich Ihnen noch eine Übung, wie Sie Ihre Stimme entspannen und jederzeit wieder auf die entsprechende Klangwirkung zurückgreifen können.

*Übung*

Für die meisten Menschen ist Essen gleichbedeutend mit Entspannung pur. Nicht nur wegen des damit verbundenen Genusses, sondern auch weil Essen eine Pause, also

Freizeit, bedeutet. Das können Sie auch nutzen, um Ihre Stimme zu entspannen.

1) Sagen Sie, während Sie kauen, laut »Mmmm« und gehen Sie dabei mit der Stimme nach unten. Ganz wichtig: Hören Sie währenddessen nie mit dem Kauen auf, sonst klingt es nicht entspannt, sondern gekünstelt und gequält. Wiederholen Sie diesen Ablauf einige Male, bis Sie das Gefühl haben, dass Sie nicht mehr tiefer kommen.

2) Trainieren Sie Schritt 1 ein paar Tage, zum Beispiel immer morgens mit einem halben Toastbrot oder drei Löffeln Müsli. Beißen Sie ab (beziehungsweise nehmen Sie einen Löffel voll in den Mund), kauen Sie mit Stimme auf »Mmmm« nach unten, und sagen Sie ein Wort, das mit M beginnt, also beispielsweise Marmelade, Mathematik oder Milchbrötchen. (Wenn ich diese Übung mit Vorständen von großen Unternehmen mache, ist das erste Wort, das die Herren kauenderweise von sich geben, übrigens »Mama«.)

3) Nach einigen Tagen gehen Sie dann von den M-Worten zu M-Sätzen über. Also, Sie beißen wieder ein Stück Toast ab, kauen sich mit »Mmmm« nach unten und sagen dann zum Beispiel: »Mit diesem leckeren Toast könnte ich noch ewig weiterüben.« Wenn Sie das zwei bis drei Wochen durchhalten, ist Ihr Körper konditioniert. Dann reicht schon eine kleine Kaubewegung (zum Beispiel wenn Sie während eines Streits merken, dass Sie in die Hochatmung wechseln), damit Ihr Körper auf die tiefere Stimmlage zurückgreift.

### Für besonders harte Fälle: die Affentrommel

Ist einer meiner Seminarteilnehmer sehr angespannt und fühlt seinen Körper nicht, empfehle ich ihm die Affentrommel. Klingt albern, ist albern, aber dafür auch unglaublich effektiv. Vermutlich haben Sie –

wie die meisten – bei dem Wort Affentrommel einen Gorilla vor Augen, der mit beiden Fäusten auf seinen Brustkorb trommelt. Und so ungefähr funktioniert die Affentrommel, die sowohl eine Entspannungsübung als auch eine Präsenz- und Atemübung ist, tatsächlich: Klopfen Sie zunächst mit beiden Händen Ihren Brustkorb ab, und versuchen Sie, Ihre Muskeln dabei, so gut es geht, zu entspannen. Klar, ein paar der Muskeln brauchen wir, um aufrecht zu stehen, aber die restlichen sollten weich und entspannt sein (das gilt natürlich nicht nur für die Brust). Klopfen Sie so lange, bis Ihr Brustkorb warm wird und es anfängt zu kribbeln. Danach ist der Bauch dran. Auch hier klopfen Sie wieder so lange, bis Sie der Meinung sind, dass Sie ihn nicht noch weiter entspannen können. Ist alles weich geklopft, machen Sie bei den Vorderseiten der Oberschenkel weiter, bevor Sie zu den Schienbeinen übergehen. Zugegeben, es ist nicht ganz einfach, die zu entspannen, aber es geht – zumindest ein bisschen. Sind Sie schließlich bei den Füßen angelangt, gehen Sie mit den Händen nach hinten und klopfen die Waden weich. Vergessen Sie nicht, dass Sie überall so stark wie möglich entspannen und locker werden wollen!
Im Anschluss an die Waden sind erst die Rückseiten der Oberschenkel, dann Ihr Hintern und Ihr Rücken dran und schließlich Ihre Arme. Zu guter Letzt – und das ist ganz wichtig – stampfen Sie fest auf, erst mit dem einen Fuß, dann mit dem anderen. Es soll richtig knallen!
Und? Sind Sie entspannt? Spüren Sie Ihren Körper? Nun können Sie eine Bühne wirklich ausfüllen, und auch die Stimme kann den vollen Resonanzraum nutzen. Dieses Körpergefühl hält nun zirka 20 Minuten an.

*Tipp*

Wollen Sie bei einem Gespräch oder einem Vortrag besonders überzeugend sein, dann nehmen Sie sich Zeit! Zeit, um

Ihre Aufregung in den Griff zu bekommen oder um sich mithilfe der Affentrommel wieder selbst zu spüren. Bei Sängern und Schauspielern gehört das zur ganz alltäglichen Vorbereitung für ihre abendliche Arbeit. Doch im Gegensatz zu diesen Künstlern, die hinter der Bühne eine Garderobe haben, können die wenigsten von uns mit einem eigenen Vorbereitungsraum aufwarten. Und das, obwohl wir den ganzen Tag »auf der Bühne stehen«. Also haben Sie keine Scheu, einfach Ihr Büro oder den Vorraum der Toilette dafür zu nutzen. Sollte dort jemand stehen und sich wundern – einfach ignorieren!

## Sie können stundenlang reden, ohne heiser zu werden

Haben Sie schon mal gehört, dass ein Baby heiser geworden ist, weil es vier Stunden am Stück geschrien hat? Eher nicht, auch wenn sich so manche übernächtigten Eltern das vielleicht hin und wieder wünschen würden. Sehr viel bekannter wird Ihnen dagegen folgender Dialog vorkommen:

Kollege 1: »Puh, so langsam versagt meine Stimme ...«

Kollege 2: »Kein Wunder, du redest ja auch seit fünf Stunden ununterbrochen.«

Aber warum ist das so, dass wir als Erwachsene heiser werden, als Babys jedoch nicht? Das liegt an der Doppelfunktion, die unsere Stimmbänder erfüllen. Einerseits erzeugen sie unsere Stimme, und gleichzeitig fungieren sie als Schließmuskel (beziehungsweise als Teil davon). Wenn wir zum Beispiel die Luft anhalten, um eine schwere Kiste anzuheben, also Druck im Körper aufbauen, dann sorgt dieser »Schließmuskel« dafür, dass keine Luft mehr in die Lungen gelangt.

Sind Sie nun aufgeregt oder angespannt, denkt Ihr Körper ebenfalls, dass Sie Druck benötigen – und die Stimmbänder schließen sich. Wenn Sie in solchen Situationen dann auch noch anfangen zu sprechen, zwingen Sie Ihre Stimmbänder, zwei gegensätzliche Dinge zur gleichen Zeit zu tun – sich geschlossen zu halten und entspannt zu schwingen. Das hat dann zur Folge, dass Sie heiser werden.

*Tipp*
Mit der Bauchatmung passiert Ihnen das nicht so leicht. Denn je tiefer Sie atmen, desto entspannter sind Sie. Und je entspannter Sie sind, desto eindeutiger signalisieren Sie Ihrem Körper, dass Sie derzeit keinen Druck wünschen. Damit können sich die Stimmbänder ganz der Stimme widmen ...

Und um auf die Babys zurückzukommen: Babys schreien nicht in erster Linie, weil sie aufgeregt oder gestresst sind (obwohl auch das vorkommen kann), sondern weil sie sich mitteilen wollen. Und zu berichten gibt es immer etwas: »Ich habe Hunger«, »Mir ist langweilig«, »Meine Windel ist voll« ... Da kommen schnell ein paar Schreistunden zusammen – und all das, ganz ohne dass sie heiser werden.

**Die Stimme schonen**

Will Ihre Stimme nicht mehr? Dann hören Sie ausnahmsweise nicht auf die guten Ratschläge Ihrer Großmutter, und lassen Sie das mit der warmen Milch mit Honig sein. Nicht weil das Ihrer Stimme schaden würde (manche Chorleiter verbieten ihren Sängern auch heute noch den Genuss von Milch, Nüssen oder Schokolade vor einem Auftritt, weil sie meinen, das würde die Stimme verschleimen), sondern weil es schlicht nichts bringt – mal abgesehen davon, dass warme Milch mit Honig gut schmeckt. Auch Tee und Bonbons – es sei denn, sie enthalten ätherische Öle, siehe unten – sind in diesem Fall keine Hilfe. Denn wenn Sie etwas schlucken, dann schließt sich der Kehlkopfdeckel, und das Geschluckte landet in der Speiseröhre. Die angegriffenen Stimmbänder und Stimmlippen (häufig aufgrund falscher Atmung!) befinden sich aber im Kehlkopf, der den Übergang vom Rachen zur Luftröhre bildet. Das heißt, Speisen und Getränke kommen im Regelfall nicht mit ihnen in Kontakt. Und bekommen Sie doch mal etwas »in den falschen Hals«, löst das sofort eine heftige Hustenattacke aus. Wesentlich sinnvoller ist daher das Inhalieren zum Beispiel mit Kamille oder Thymian. Denn die beruhigenden ätherischen Dämpfe werden nicht geschluckt, sondern eingeatmet und erreichen somit auch Stimmbänder und Stimmlippen.

*Tipp*

Ein weiteres gutes Mittel ist Schweigen. Halten Sie einfach für ein paar Stunden oder einen ganzen Tag den Mund, und sagen Sie nichts. Und mit »nichts« meine ich in diesem Fall tatsächlich NICHTS. Kommen Sie vor allem nicht auf die Idee zu flüstern, denn Flüstern schont die Stimme nicht, sondern beansprucht sie zusätzlich. Also bitte keine Stimmschonhaltung einnehmen!

**Was Ihre Stimme gar nicht mag**

Besonders schädlich für Ihre Stimme sind Räuspern, Flüstern und Rauchen, da dies den Schutzmantel schädigt, der die Stimmbänder umgibt. Er wird langsam, aber sicher zersetzt (Zigarettenrauch), durch das starke Aneinanderreiben der Stimmbänder abgerieben (Räuspern) oder von der mit zuviel Druck

aus der Lunge strömenden Luft förmlich weggepustet (Flüstern). Ohne diesen Schutzfilm zu singen, zu sprechen, zu flüstern oder sich weiterhin zu räuspern ist, als würde man bei seinem Auto auf den Felgen fahren. Das geht nicht lange gut!
Im schlimmsten Fall ziehen Sie sich blaue Flecken auf den Stimmbändern und Stimmlippen zu, die nach einigen Wochen hässliche Narben hinterlassen. Diese sieht man von außen zwar nicht, aber man kann sie sehr wohl hören. Im besten Fall wird die Stimme dunkel, was oftmals als sexy gilt. Allerdings kann sich die Stimme genauso gut im oberen Stimmbereich verkanten, dann haben Sie auf einmal eine höhere, dünnere, fiepsigere Stimme. Und den alten Stimmklang bekommen Sie nie wieder!

## Mithilfe der Atmung Emotionen transportieren

Sie kennen das aus unzähligen Situationen: Wir atmen laut ein beziehungsweise aus, wenn wir überrascht sind, wenn wir etwas besonders schön finden, wenn wir über etwas nachdenken, wenn wir zweifeln, wenn wir zeigen wollen, dass wir uns wohlfühlen, und, und, und (siehe http://www.m-vg.de/link/ichrede, Track 11). Wir atmen – oder seufzen, wie manche es auch nennen würden – fast immer, wenn Emotionen im Spiel sind. Und das können Sie nutzen. Denn so transportieren Sie schon einen ganz wesentlichen Teil der Botschaft, noch ehe Sie etwas gesagt haben, zum Beispiel Mitgefühl. Das funktioniert aber nur, wenn Sie nicht ständig laut atmen, sondern dieses Stilmittel bewusst einsetzen.

*Tipp*

Nichts ist so gut, dass Sie es immer machen sollten. Das gilt nicht nur für das emotionale Einatmen, sondern für alle Stilmittel, Gesten etc. Setzen Sie diese bitte bewusst ein, und variieren Sie. Ihre Rede oder Präsentation wirkt sonst schnell einstudiert oder langweilig. Und auch perfekt ist in diesem Fall eben gerade nicht perfekt (siehe Seite 9 f.). Der Grundsatz »Nichts ist so gut, dass Sie es immer machen sollten« gilt sinngemäß übrigens auch für die Dinge, die Sie eigentlich besser lassen sollen. Wenn Ihnen mal ein »Äh« rausrutscht, Sie mal nicht auf Punkt sprechen oder mal die Brille abnehmen und wieder aufsetzen, ist das in Ordnung. Problematisch wird es erst dann, wenn Sie es ständig tun.

Das laute Einatmen können Sie auch sehr schön bei Sängern beobachten, deren Job es ja ist, Menschen mit ihren Liedern emotional zu bewegen. Die Guten atmen genau an der Stelle laut ein, an der auch wir innerlich seufzen. Die weniger Guten dagegen atmen bei jedem Einsatz laut ein – egal, wie viel Zeit sie zum Einatmen haben, und egal, ob es an dieser Stelle sinnvoll ist oder nicht. Kramen Sie doch einmal in Ihrem CD-Regal, ob sich da nicht noch irgendwo eine dieser berühmt-berüchtigten KuschelRock-CDs findet. Dort werden Sie Beispiele für beides finden – oder Sie hören sich einfach Track 12 des Audio-Downloads an …

**Lautes Atmen – Gründe und was Sie dagegen tun können**

Wenn man Ihre Atmung jederzeit und ständig hört, dann ist oftmals einfach nur Ihre Zunge im Weg. Das heißt, dass Sie Ihre Zunge nicht tief genug im Mund ablegen. Aber das kann man üben: Öffnen Sie den Mund, und drücken Sie Ihre Zunge so tief wie möglich nach unten, bis kein Atemgeräusch mehr zu hören ist. Und nun versuchen Sie, sich diese innere Weite, also die Weite im Mund, einzuprägen. Wichtig dabei ist, dass Ihre Zunge und Ihr Mund entspannt sind.

*Übung*

Die folgenden kleinen Übungen können Ihnen dabei helfen, Ihre Zunge zu entspannen:

1) Strecken Sie die Zunge so weit wie möglich heraus, und ziehen Sie sie langsam wieder zurück. Das wiederholen Sie – jeweils mit einer kurzen Pause dazwischen – dreimal.

2) Strecken Sie die Zunge heraus, und bewegen Sie sie einige Sekunden, so schnell Sie können, vom linken Mundwinkel zum rechten und anschließend von oben (Nasenspitze) nach unten (Kinn).

3) Rollen Sie Ihre Zunge nach hinten und wieder zurück. Wiederholen Sie die Übung dreimal.

4) Machen Sie Ihre Zunge erst so breit und dann so schmal wie möglich. Auch das wiederholen Sie dreimal.

5) Saugen Sie sich mit Ihrer Zunge am Oberkiefer fest, und drücken Sie sie danach fest in den Unterkiefer. Danach drücken Sie mit der Zunge von innen erst gegen die rechte Wange, dann gegen die linke. Wiederholen Sie beide Übungen – jeweils mit einer kurzen Unterbrechung – wiederum dreimal.

Bei manchen Rednern liegt das laute Atmen aber auch schlicht daran, dass sie sich zu nah ans Mikrofon beugen und die Atmung somit überlaut aus den Boxen schallt. Wenn Sie also ein Rednerpult verwenden wollen (oder müssen), dann bleiben Sie bitte gerade stehen und beugen sich nicht nach vorn.

**Souveränitätsfalle: Schnappatmung mit »Küsschen«**

Ein weiteres Problem in diesem Zusammenhang entsteht, wenn Sie nach jedem Satz den Mund schließen. Dadurch machen Sie eine Pause – doch um diese nicht mit einem entspannten Einatmen zusätzlich zu verlängern, schnappen viele regelrecht nach Luft. Und das hört man leider. Sie berauben sich damit nicht nur der Möglichkeit, einen Satz wie auf Seite 74 beschrieben emotional zu betonen, sondern es klingt auch nicht besonders souverän. Vor allem dann nicht, wenn noch ein »Küsschen« dazukommt (eventuell sogar noch verstärkt durch ein Mikrofon), weil Sie aufgrund der Aufregung die Lippen nicht entspannt auseinanderbekommen (http://www.m-vg.de/link/ichrede, Track 13). Jetzt werden Sie vielleicht denken, dass Sie während der Pause ja auch durch die Nase einatmen könnten. Im Prinzip ja. Allerdings nur, wenn Sie entspannt sind – was sehr unwahrscheinlich ist, wenn Sie gerade ein wichtiges Gespräch führen oder eine Rede halten. Sie kennen das vielleicht vom Joggen, auch da bekommen Sie durch die Nase irgendwann nicht mehr genügend oder zu langsam Luft.

*Tipp*

Leider wurde uns dieses Verhalten – den Mund sofort wieder zu schließen – schon in Kindertagen eingebläut. Bestimmt erinnern auch Sie sich an Sätze wie: »Mach den Mund zu, es zieht.« Oder: »Mach den Mund zu, die Milchzähne werden sauer.« Ebenfalls sehr beliebt: »Mach den Mund zu, wenn du nichts zu sagen hast.« Entsprechend bedarf es einiger Übung, bis Sie sich dieses Verhalten wieder »abgewöhnt« haben. Denn das beste Mittel gegen Schnappatmung ist, den Mund während des Sprechens einfach leicht geöffnet zu lassen. So können Sie schon während der Pause entspannt durch den Mund und damit lautlos atmen. Am besten üben Sie das vor dem Spiegel, oder

Sie bitten Ihren Lebenspartner beziehungsweise einen guten Freund um Hilfe: Erzählen Sie ihm, was Sie heute den ganzen Tag über gemacht oder erlebt haben, und bitten Sie ihn, Sie sofort darauf hinzuweisen, wenn Sie den Mund dabei schließen. Auch sollte er Sie darauf hinweisen, wenn Sie den Mund zu weit offen lassen, denn das wirkt lächerlich (orientieren Sie sich dabei an einem Lächeln). Und wie gesagt: Dieser Tipp gilt nur für die Zeit, in der Sie sprechen! Sobald Sie wieder arbeiten, lesen, fernsehen etc., schließen Sie den Mund natürlich und atmen normal durch die Nase (was tatsächlich auch gesünder ist).

## Sie wirken authentischer

Was ich in meinen Seminaren sehr häufig zu hören bekomme, ist folgender Satz: »Wenn ich vor Leuten reden muss, bin ich total aufgeregt. Mir fehlen dann oft die Worte, und ich hangele mich irgendwie durch – aber im Grunde bin das nicht ich!« Kein Wunder, denn wenn Sie so angespannt sind, dass Sie Ihren Körper nicht mehr spüren (siehe Seite 85), dann sehen Ihre Gesprächspartner beziehungsweise Ihre Zuhörer wirklich irgendjemanden, aber nicht Sie. Sind Ihre Gedanken überall, nur nicht bei Ihnen selbst, dann können Sie nicht überzeugen.
Konzentrieren Sie sich deshalb auf die tiefe Atmung, oder atmen Sie in Gedanken den Duft Ihres Lieblingsgerichts ein (siehe Übung Seite 53). Dann nämlich ist Ihr Blick nach innen gerichtet, und Sie wirken, als ob Sie in sich ruhen und Ihre »Mitte« gefunden haben. Sprich: Sie wirken authentisch. Können Sie sich selbst spüren (siehe Affentrommel Seite 69), kann auch Ihr Gegenüber Ihre Persönlichkeit sehen. Und genau das ist entscheidend, denn letztlich verkaufen wir kein Produkt, wir verkaufen uns.

Es gibt noch tausend weitere Gründe, warum die richtige Atmung so wichtig ist, aber den allerwichtigsten verrate ich Ihnen nun, zum Abschluss dieses Kapitels:

## Sie bestimmen, wie Ihre Zuhörer sich fühlen

Ja, Sie haben richtig gelesen, das Wohlbefinden Ihres Publikums liegt in Ihren Händen oder in diesem Fall: in Ihrer Atmung. Das hängt damit zusammen, dass jeder, der Ihnen zuhört, automatisch mit Ihnen mitatmet (man nennt das den Carpenter-Effekt). Das bedeutet: Atmen Sie – weil Sie furchtbar aufgeregt sind – zu schnell, atmen auch Ihre Zuhörer schnell und werden ebenfalls nervös. Sie kennen das zum Beispiel von Schultheater-Aufführungen: Gebannt hängen die Papas und Mamas an den Lippen ihrer Kinder. Und wenn die aufgeregt sind – was sie natürlich sind –, sind es die Eltern automatisch auch. Aber auch gänzlich Unbeteiligte spüren, wie sich die Anspannung von der Bühne auf sie überträgt. Ganz entscheidend ist dabei, dass die Atmung sich nur vom Redner auf den Zuhörer überträgt. Nicht anders herum. Und auch nur dann, wenn der Zuhörer 100%ig zuhört. Wenn ihn der Inhalt nicht interessiert, dann wird der Zuhörer nur mit halbem Ohr zuhören und somit nicht mitatmen. Dieses Beispiel kennen wir alle aus dem Privatleben: Sie regen sich auf und Ihre Lebenspartnerin bleibt ruhig auf dem Sofa sitzen. Sie reden schnell, atmen schnell und sie atmet auf dem Sofa ruhig weiter. Dadurch werden Sie als Redner nicht automatisch auch wieder ruhiger. Erst wenn Ihre Lebenspartnerin etwas sagt (und dabei ruhig spricht und atmet) und dann auch noch etwas, dass Sie in dem Moment hören möchten, dann werden Sie ihr zuhören und Sie übernehmen die langsamere Atmung. Merken Sie sich also: Die Atmung überträgt sich vom Redner auf den Zuhörer, wenn der Zuhörer 100%ig zuhört. Übrigens können Sie so „Nicht-Zuhörer" überführen. Wenn Sie schnell atmen und Ihre Gegenüber nicht schnell mitatmet, dann hört er nicht 100%ig zu.

Das Übertragen einer schnellen und hektischen Atmung funktioniert aber auch nur bis zu einem gewissen Punkt. Dann ergreift der Körper Gegenmaßnahmen, denn diese hektische Atmung bedeutet für ihn Stress, unnötigen Stress. Eine dieser Gegenmaßnahmen haben Sie bestimmt schon einmal am eigenen Leib erlebt: Sie werden – obwohl Sie der Inhalt des Vortrags interessiert, obwohl Sie genug geschlafen haben und obwohl der Sauerstoffgehalt im Vortragsraum ausreichend hoch ist – müde. Sie nicken regelrecht weg und haben Mühe, die Augen offen zu halten. Die Folge: Sie hören nicht mehr so intensiv zu und atmen wieder normal.
Auch die zweite Gegenmaßnahme wird Ihnen sicherlich bekannt vorkommen: Ihre Gedanken beginnen abzuschweifen. Plötzlich fragen Sie sich, was Sie heute Abend wohl zum Essen machen könnten, denken darüber nach, was Sie Ihrem Liebsten zum Geburtstag schenken sollen, oder überlegen sich, was Sie am nächsten Tag alles erledigen müssen ...
Egal, wie spannend Ihr Thema und wie ausgefeilt Ihr Vortrag ist – wenn Ihre Atmung nicht stimmt, verlieren Sie Ihre Zuhörer. Achten Sie also darauf, so tief und ruhig wie möglich zu atmen. Dann wird Ihr Publikum Ihnen gern und ausdauernd folgen. Aber bitte übertreiben Sie es nicht: Reden Sie nämlich zu langsam und zu ruhig, schlafen Ihre Zuhörer womöglich deswegen ein.
Der Carpenter-Effekt hat auch positive Seiten, zum Beispiel können Sie damit wunderbar einen Streit deeskalieren. Nehmen wir an, Ihre Kollegin kommt völlig genervt zu Ihnen ins Büro: »Bist du eigentlich noch zu retten? Kannst du mir mal sagen, wo du mit deinen Gedanken warst, als du die Sendung für Schuster & Söhne fertig gemacht hast? Nicht eine Position stimmt mit dem Lieferschein überein. Kannst du dir vorstellen, wie mich der eben am Telefon zur Schnecke gemacht hat?!« So aufgebracht, wie Ihre Kollegin im Moment ist, wird jedes Argument, dass Sie vorbringen, wirkungslos verpuffen (siehe Seite 17). Da hilft nur

noch eines: ruhig sprechen und ruhig atmen. Dann wird sich Ihre Kollegin nach einigen Minuten Ihrem Atemrhythmus anpassen und ebenfalls ruhiger werden.
Doch ganz so einfach, wie sich das hier anhört, ist es in der Praxis dann leider doch nicht. Allzu leicht passen Sie sich nämlich dem hektischen Atemrhythmus Ihres Gegenüber an, und dann passiert genau das, was Sie eigentlich vermeiden wollten: Der Streit eskaliert. Versuchen Sie also unbedingt, ruhig zu bleiben und vor allem – ich wiederhole mich gern – ruhig zu atmen.

*Tipp*

Die Tatsache, dass Sie das Wohlbefinden Ihrer Zuhörer mittels Ihrer Atmung beeinflussen können, eröffnet Ihnen darüber hinaus die Möglichkeit, deren Meinung – zumindest ein wenig – in die von Ihnen gewünschte Richtung zu lenken. Stellen Sie sich vor, Sie haben für ein Problem zwei verschiedene Lösungsmöglichkeiten erarbeitet, von denen Sie eine klar bevorzugen. Nun der Trick: Sie ignorieren bei der Präsentation des »ungeliebten« Ansatzes alles, was Sie bisher gelesen haben. Atmen Sie schnell, vielleicht auch zu laut, reden Sie ohne Punkt und Komma, betonen Sie falsch, und bauen Sie das eine oder andere »Äh« ein. Machen Sie das jedoch nicht zu lange, sondern nur zirka eine Minute lang. Danach gehen Sie zu »Ihrer« Lösung über, atmen tief, sprechen langsam und mit entspannter Stimme, machen Pausen etc. Sie werden sehen, Ihre Zuhörer werden sichtlich durchatmen und dem von Ihnen favorisierten Vorschlag unbewusst einige Sympathiepunkte geben.
Natürlich wird das allein nicht ausreichen, Sie brauchen auch gute Argumente. Aber nicht selten ist das Bauchge-

fühl das sprichwörtliche Zünglein an der Waage. Allerdings sollte dieser Manipulationsversuch nicht allzu offensichtlich sein, denn sonst wird man Ihrer Meinung in dieser Sache eher kritisch gegenüberstehen, und Sie erreichen genau das Gegenteil.

## Exkurs: Atmung und Körperachse

Nachdem ich Ihnen lang und breit erklärt habe, wie die richtige Atmung funktioniert, wie man sie üben kann (was Sie vielleicht sogar schon getan haben) und wofür sie gut ist, verrate ich Ihnen nun, dass Ihr Körper auch von ganz allein tief atmen kann. Allerdings müssen Sie ihn dafür in eine bestimmte Position bringen, und in dieser Position können Sie nicht immer stehen oder sitzen. Daher ist es – nach wie vor – schön, wenn Sie die Bauchatmung weiterhin üben.

Wie aber finden Sie diese Position? Stellen Sie sich gerade hin, und beugen Sie sich weder nach vorn noch nach hinten. Sie stehen jetzt direkt auf Ihrer Körperachse. Damit Ihr Körper – wie angesprochen – den Atem von allein einfallen lassen kann, müssen Sie sich nun hinter der Körperachse befinden. Befinden Sie sich davor, atmen Sie automatisch aus. Testen Sie das ruhig einmal, indem Sie sich auf die Körperachse stellen und ausatmen. Danach lassen Sie den Mund geöffnet und beugen sich leicht nach vorn. (Wichtig: Holen Sie nicht bewusst Luft, überlassen Sie das Ihrem Körper.) Und? Bekommen Sie Luft? Nein. Natürlich werden Sie irgendwann einatmen, da Ihr Körper nach dem Ausatmen dringend Sauerstoff braucht, aber es passiert nicht von allein.

Testen Sie nun die Gegenseite: Stellen Sie sich wieder auf Ihre Körperachse, atmen Sie aus, lassen Sie den Mund geöffnet, und lehnen Sie sich leicht nach hinten – ein paar Zentimeter reichen

bereits vollkommen. Merken Sie, wie die Luft nun von ganz allein einströmt? Wenn Sie das vor einem Spiegel ausprobieren, wird Ihnen auffallen, dass Ihr Oberkörper völlig entspannt bleibt und Sie automatisch tief in den Bauch atmen. Im Anschluss an dieses Experiment können Sie auch noch testen, wie groß der Abstand zur Körperachse sein muss, damit Sie automatisch ein- beziehungsweise ausatmen. Sind es einige Zentimeter? Oder reichen bereits wenige Millimeter?
Pendeln Sie leicht hin und her und nehmen Sie bewusst wahr, wie Ihr Körper den Atem hinter der Achse einfallen und vor der Achse wieder herausfließen lässt. Jetzt sollen Sie natürlich während des Sprechens nicht ständig pendeln. Das Sprechen (Ausatmen) ist ein aktiver Vorgang. Dies bekommen Sie sowohl hinter als auch vor der Körperachse hin. Bleiben Sie also einfach – wenn sich dies gut für Sie anfühlt – hinter der eigenen Körperachse. Somit übernimmt der Körper automatisch die Einatmung und Sie konzentrieren sich nur auf das Sprechen. Das Spiel mit der Körperachse geht natürlich auch im Sitzen.

*Tipp*
Wenn Sie merken, dass Sie zu aufgeregt sind, um bewusst tief zu atmen, dann stellen Sie sich einfach so hin, dass sich Ihr Körper leicht hinter seiner Achse befindet. Ich persönlich winkle in solchen Situationen gern ein Bein leicht an. Das heißt, ich belaste das hintere, gestreckte Bein voll, das vordere dagegen nur leicht. Dadurch stehe ich automatisch hinter meiner Körperachse und muss mich um die Atmung nicht mehr kümmern. Versuchen Sie entsprechend, den für Sie bequemsten Stand herauszufinden – ein paar Millimeter hinter der eigenen Achse.

In welchem Zusammenhang die Körperachse noch relevant ist, werden wir uns ab Seite 115 anschauen.

*Zusammenfassung: Kommunikationsfalle Atmung*

- Üben Sie die Bauchatmung, um klarer zu denken, tiefer zu sprechen und überzeugender zu wirken.
- Verhindern Sie Blackouts, indem Sie die Hochatmung vermeiden. Fehlen Ihnen doch einmal die Worte, helfen Gehen und tiefes Ausatmen, den roten Faden wiederzufinden.
- Mit tiefem Ausatmen bekommen Sie auch Ihr Lampenfieber in den Griff. Ob Sie nur ausatmen oder ob Sie sprechen, singen oder pfeifen, spielt dabei keine Rolle.
- Mit der Bauchatmung werden Sie nicht so leicht heiser.
- Nutzen Sie lautes Einatmen, um Akzente zu setzen.
- Sind Sie angespannt, lassen Sie den Mund beim Reden leicht geöffnet, damit Sie entspannt einatmen können.
- Hohe Stimmen sind eine Spielaufforderung und daher für den Small Talk perfekt geeignet, nicht aber wenn Sie Ihren Chef davon überzeugen wollen, Ihr Gehalt zu erhöhen.
- Gut für die Stimme sind tiefes Atmen, normales Reden und Schweigen. Räuspern, Flüstern und Rauchen sollten Sie dagegen möglichst vermeiden.
- Sie entscheiden mit Ihrer Atmung auch über den Atemrhythmus und das Wohlbefinden Ihrer Zuhörer.
- Nutzen Sie in schwierigen Situationen gegebenenfalls Ihre Körperachse für die tiefe Atmung.

# Kommunikationsfalle Präsenz

Auch das Thema Präsenz hat viel mit Ihrer Atmung und mit Ihrem Körpergefühl zu tun. Denn dass Sie wahrgenommen werden und nicht wie eine graue Maus in der Menge untergehen, erreichen Sie nicht durch »Tsjakkaa« und überzogene Rhetorik nach Schema F, sondern wiederum durch Entspannung. Bei einem angespannten Redner beziehungsweise Gesprächspartner fragen wir uns unwillkürlich, warum er so verkrampft ist: Ist er aufgeregt? Hat er Minderwertigkeitskomplexe? Ist er schlecht vorbereitet? Hat er einfach nur einen schlechten Tag? Nutzen Sie also die in diesem Buch vorgestellten Möglichkeiten wie die Affentrommel oder die tiefe Atmung, um – zumindest nach außen hin – entspannt zu wirken. Denn dann wirken Sie automatisch auch präsenter.

## So bauen Sie Präsenz auf

Als ich mit dem Moderieren angefangen habe, war ich noch sehr verkrampft. Ich stand auf der Bühne und habe mir gedacht: »JA!!! Das schaffst du (irgendwie)!« Aber schließlich habe ich erkannt, dass ich immer präsenter wurde, je entspannter ich war. Ein absoluter Pluspunkt beim Älterwerden! Vergleichen Sie mal, wer mehr Präsenz hat: das junge Topmodel, das in Größe 34 über den Laufsteg stolziert und dabei ständig den Bauch einzieht, oder eine fünfzigjährige Frau, die selbstbewusst (siehe Seite 30) und entspannt einen Raum betritt?

*Tipp*

Loslassen lautet die Devise! Legen Sie sich dazu eine »Was entspannt mich?«-Liste an, auf der Sie all das notieren, was

Ihnen ganz persönlich guttut. Eine Massage? Ein Saunabesuch? Ein Spaziergang? Sport? Stricken? Ein leckerer Milchkaffee in einem schönen Café? Schreiben Sie alles auf (denn wenn Sie Entspannung nötig haben, fällt es Ihnen bestimmt nicht ein). Und dann machen Sie es – so oft wie möglich und vor allem dann, wenn Sie wissen, dass eine schwierige Aufgabe vor Ihnen liegt (oder auch zwischendurch, wenn es sich um ein größeres Projekt handelt). Nehmen Sie einfach Ihre Liste zur Hand, und wählen Sie, ohne lang zu überlegen, aus, wonach Ihnen gerade der Sinn steht. Häufig sind wir nämlich der Meinung, dass wir uns in stressigen Zeiten keine Entspannungspausen »leisten« können, weil die Zeit dafür fehlt. Da Sie aber viel schneller und effektiver arbeiten, wenn Sie entspannt sind, sollten Sie diese Haltung dringend überdenken.
Wichtig: Halten Sie Ihre Liste aktuell, indem Sie neue »Entspannungsförderer« sofort ergänzen. Ob Sie auch Dinge streichen wollen, bleibt Ihnen überlassen. Ich persönlich finde es sehr spannend, nach längerer Zeit auch mal wieder einen älteren Punkt aufs Neue auszuprobieren.

## Ab ins Hier und Jetzt!

Präsenter zu werden ist im Grunde nicht so schwer. Das Wichtigste dabei ist, dass Sie sich im Hier und Jetzt befinden. Ein Beispiel: In fast jedem Bekannten- oder Freundeskreis gibt es einen Mann (oder eine Frau), der jahrelang Single war. Er hat es bei allen versucht – bei Anna, bei Ulrike, bei Stefanie. Aber niemand verliebte sich in ihn. Kein Wunder, denn die jahrelangen »Misserfolge« haben Spuren in seinem Selbstwertgefühl hinterlassen. Und wer sich selbst nicht begehrenswert findet, wird es schwer haben, jemand anderen zu finden, der das tut (vor allem wenn

man sich lieber in der Vergangenheit aufhält, in der noch alles besser war, oder in der Zukunft, in der hoffentlich alles besser wird). Doch dann kam auf einmal eine Frau daher, die sich Knall auf Fall in ihn verliebte. Seitdem ist er nicht wiederzuerkennen. Er fühlt sich wohl, grinst breit, geht aufrecht – und wird plötzlich auch von anderen wahrgenommen. Selbst Anna, Ulrike und Stefanie hätten jetzt Interesse, obwohl er nicht abgenommen hat, sich nicht anders kleidet und sich sein Aussehen auch sonst eigentlich nicht verändert hat. Nein, er genießt einfach die Gegenwart, weil er im Hier und Jetzt geliebt wird. Und das sorgt dafür, dass er jetzt viel mehr Präsenz besitzt.
Keine Angst, ich werde Ihnen jetzt nicht sagen, dass Sie sich jeden Morgen im Bad, wenn Sie vor dem Spiegel stehen, zulächeln sollen und sich selbst beteuern, dass Sie sich mögen (wobei auch das – je nach Typ – funktionieren kann). Meine Empfehlung lautet: Sorgen Sie dafür, dass Sie sich in Ihrem Körper wohlfühlen. Tragen Sie Kleidung, in der Sie sich gut fühlen, gehen Sie in Restaurants, in denen Sie sich wohlfühlen, gehen Sie zum Frisör, zur Kosmetikerin oder ins Nagelstudio. Denn wenn Sie sich wohlfühlen, genießen Sie die Gegenwart und sind präsent. Gönnen Sie sich darüber hinaus jeden Tag etwas, das Sie entspannt (siehe Tipp Seite 85).

*Tipp*

Schauspieler lernen, dass sie den Raum, in dem sie sich gerade befinden, spüren sollen, vor allem den Raum, der sich hinter ihnen befindet. Probieren Sie das doch auch einmal. Allerdings bedeutet »den Raum spüren« in diesem Zusammenhang nicht, den Raum lediglich wahrzunehmen! Versuchen Sie vielmehr, sich selbst so stark zu fühlen, dass Sie das Gefühl haben, Sie füllen den ganzen Raum mit Ihrer Energie aus. Diese Vorstellung fällt Ihnen leichter, wenn Sie sich Ihre Energie als Farbe vorstellen und versuchen, diese Farbe (Rubinrot, Gold, Marineblau etc.) in jede Ecke zu schicken – und Sie sind das Zentrum. Keine Angst, ich drifte auch jetzt nicht in die Esoterik ab, aber die Gedanken spielen bei der Körperspannung eine große Rolle. Deshalb sollten Sie es ruhig einmal versuchen. Klappt das bei Ihnen nicht, probieren Sie es mit Eutonie – das funktioniert bestimmt (siehe Seite 89).

**Geheimtipp: Bei sich bleiben**

Natürlich fühlen wir uns nicht immer wohl. Es gibt einfach Tage, an denen es uns körperlich schlecht geht, wir mit uns und unserer Umwelt hadern oder wir mit irgendwelchen Problemen (ob nun privater oder beruflicher Natur) zu kämpfen haben. Nun können wir uns deswegen aber in der Regel nicht einfach verkriechen und das wichtige Gespräch mit dem Chef ausfallen lassen, der wichtigen Kundenpräsentation fernbleiben oder den lange angekündigten Vortrag absagen.

Deshalb ist es in einer solchen Situation das Beste, Sie lassen Ihre Gefühle einfach zu. Denn ich kann Sie beruhigen, wenn Sie all die Dinge, die Sie bisher gelernt haben (oder zumindest einige davon), anwenden, wird niemand etwas von dem emotionalen Tornado, der gerade in Ihrem Inneren tobt, mitbekommen. Vielleicht wird noch ein »laues Lüftchen« zu sehen sein, wie beispielsweise ein rotes Dekolleté beziehungsweise ein roter Kopf oder eine zitternde Lippe, aber es wird niemandem auffallen. Warum? Weil Ihre Zuhörer erst dann bewusst nach solchen Signalen suchen werden, wenn sie aufgrund Ihrer Sprechweise, Ihrer Stimme, Ihrer Atmung und Ihrer Körpersprache ohnehin

schon den Eindruck haben, dass Sie unsicher sind. Das heißt, erst wenn Sie keine Pausen machen, nicht auf Punkt sprechen, nicht tief atmen, ständig falsch betonen etc., wird man auch Ihre zitternde Lippe oder Ihren roten Kopf bemerken – vorher nicht ...
Fazit: Lassen Sie sich von Ihren Gefühlen nicht irritieren, und vor allem verdrängen Sie sie nicht. Denn wenn Sie versuchen, gegen sie – und damit gegen sich selbst – anzukämpfen, sind Sie nicht mehr im Hier und Jetzt und haben keine Präsenz, dann können Sie also Ihr Publikum/Ihre Gesprächspartner nicht überzeugen. Sobald Sie sich spüren und das Geübte anwenden – geht alles glatt.

## Eutonie: das Bewusstsein für den eigenen Körper steigern

»Stellen Sie sich vor, Sie sprechen aus dem Rücken.« Sie glauben nicht, wie häufig ich als Reaktion auf diesen Satz höre, dass man entweder nicht genügend Fantasie habe, um sich das vorzustellen, oder dass man das nicht machen möchte, weil das esoterischer Blödsinn sei. Dabei geht es hier weder um Fantasie noch um Esoterik. Es geht um Eutonie, eine Methode, um das Bewusstsein für den eigenen Körper zu steigern. Und die kann jeder anwenden.
Ein kleines Beispiel: Sie haben einen großen, schweren Rucksack auf dem Rücken und steigen in einen Zug. Müssen Sie sich da ständig umdrehen und nachschauen, wie groß der Rucksack ist, damit Sie nicht ständig jemanden anrempeln oder irgendwo mit ihm hängen bleiben? Nein, Sie haben es »im Gefühl«. Oder ein anderes Beispiel: Sie ziehen um und fahren ausnahmsweise einen Kleintransporter. Auch da müssen Sie die zusätzliche Größe – zumindest teilweise – im Gefühl haben, damit Sie beim Rückwärtseinparken nirgends anecken. Dieses »Es-im-Gefühl-Haben« kann man, sehr vereinfacht gesagt, Eutonie nennen.

Noch ein Beispiel gefällig? Sie gehen als Zehnjähriger zum Schulleiter, um zu fragen, ob es heute nicht hitzefrei geben müsste. Werden Sie von Ihrer Klasse allein geschickt, fühlen Sie sich klein und hilflos und trauen sich kaum ins Zimmer des Rektors. Kommen aber noch zwei Schulkameraden mit, dann fühlen Sie sich größer, stärker und spüren förmlich die Rückendeckung. Dabei ist in Wirklichkeit gar keine da, weil die beiden feige im Türrahmen stehen bleiben. Aber es fühlt sich anders an, und dadurch fühlen Sie sich anders. Auch dieses Über-sich-Hinausspüren ist Eutonie. Es sorgt dafür, dass Ihr Körper eine besondere Muskelspannung aufbaut, die sich positiv auf Ihre Haltung, das Zwerchfell und die Stimme auswirkt.

Wenn Sie Eutonie intensiv einsetzen, kann man auch von »Präsenzaufbau« sprechen. Denn Ihre Stimme klingt voll, wird tragfähig, und Sie bauen, sozusagen als Nebeneffekt, einen stärkeren Kontakt zu Ihren Zuhörern auf. Die Bilder, die ich Ihnen gleich vorstellen werde, klingen ähnlich albern wie die Affentrommel, sind aber genauso effektiv. Ich versichere Ihnen, dass Sie sie nicht mehr missen wollen, wenn Sie einmal erlebt haben, wie intensiv Sie damit plötzlich wahrgenommen werden. Vermutlich werden Sie – wie die meisten meiner Seminarteilnehmer – nicht mit allen Bildern sofort etwas anfangen können. Probieren Sie aber bitte trotzdem alle aus, um zu testen, welches Ihnen bei welcher Gelegenheit am meisten hilft.

**Der Känguruschwanz**

Haben Sie das hüpfende Wappentier Australiens vor Augen? Kängurus haben einen sehr dicken Schwanz, der einen Teil des Gewichts trägt, wenn sie sich aufrichten. Das heißt, sie stehen nicht nur auf den Hinterbeinen, sondern auch auf ihrem Schwanz. Einen solch stabilen Stand können Sie üben.

*Übung*

Stellen Sie sich aufrecht hin, und stellen Sie sich vor, Sie hätten einen Känguruschwanz, der Ihnen als zusätzliche Stütze dient. Das verleiht Ihnen sofort einen sicheren Stand, und wann immer Sie das Gefühl haben, dass Sie Ihre Beine nicht mehr spüren, lehnen Sie sich einfach leicht zurück – gegen Ihren Känguruschwanz, der Ihnen Stabilität gibt (aber bitte nur ein paar Zentimeter, damit es eine entspannte Haltung ist und nicht auffällt). Dabei ist es egal, ob Sie auf beiden Beinen stehen oder eines leicht angewinkelt haben. Hauptsache, Sie spüren, wie der Schwanz den Boden berührt. Denn dadurch werden Sie automatisch besser atmen, weil Sie hinter Ihrer Körperachse stehen (siehe Seite 82f.), und können darüber hinaus nun besser Ihren Standpunkt vertreten. Häufig spüren wir nämlich bei schwierigen Gesprächen nur den Kopf und den Brustkorb, aber nicht den Rest unserer Körpers – und sind damit nicht präsent. Mit dem Känguruschwanz spüren Sie deutlich »den Boden unter Ihren Füßen« und können so Ihren Standpunkt verdeutlichen. Und auch wenn diese Erklärung – wie bereits angekündigt – albern klingt: Probieren Sie es aus!

**Die Engelsflügel**

Das zweite Bild für mehr Präsenz sind die Engelsflügel. Und wir reden hier nicht von zwei kleinen Stummelflügeln, sondern von großen weißen Schwingen, die weit über Ihren Kopf ragen und nach unten bis zum Boden reichen. Sie bedecken Ihren ganzen Rücken und geben Ihnen damit im wahrsten Sinne des Wortes Rückendeckung. Niemand kann Ihnen dann verbal ein Messer in den Rücken rammen. Zudem helfen Ihnen Ihre Flügel dabei, Ihr

Sprechtempo zu regulieren. Wenn Sie merken, dass Sie zu schnell werden, dann bewegen Sie ganz leicht Ihre Schulterblätter. Dadurch werden die Flügel – in Ihrer Vorstellung – sacht hin- und herschwingen, und Ihre Stimme wird diesem neuen Rhythmus folgen und langsamer werden (siehe auch Seite 107).
Die Engelsflügel sorgen darüber hinaus sofort für einen aufrechteren Gang, der aber trotzdem nicht steif, sondern entspannt wirkt. Und denken Sie auch hier daran, dass Sie nur leicht mit den Flügeln zu schlagen brauchen, wenn Ihr Gang zu schnell wird.
Im Gegensatz zum Känguruschwanz, der nur im Stehen funktioniert, können Sie das Bild der Engelsflügel sowohl im Stehen als auch im Gehen benutzen. Ebenfalls ein großer Vorteil: Die Engelsflügel sind schwer – ähnlich wie ein großer, gut gefüllter Rucksack – und ziehen so den Schultergürtel nach unten. Dadurch strecken Sie den Nacken und vermindern haltungsbedingte Nackenschmerzen.

*Übung*

Probieren Sie die Engelsflügel in der Praxis aus: Laufen Sie einmal durch eine belebte Bahnhofshalle, wenn Sie Ihre Engelsflügel »anhaben«. Normalerweise schlagen wir einen Zickzackkurs ein, um den entgegenkommenden Menschen auszuweichen. Doch heute nicht, heute wird man Ihnen ausweichen. Allerdings nur, wenn Sie Ihre Engelsflügel wirklich intensiv spüren. Sobald Sie denken: »Na, hoffentlich funktioniert das auch, sonst werde ich gleich furchtbar angerempelt«, wird es nicht funktionieren, da Sie gedanklich bereits in der Zukunft sind. Präsenz kann aber nur in der Gegenwart entstehen. Glaube und Vertrauen sind in diesem Fall also alles.

## Der Hulk

Und nun wachsen Sie über sich hinaus. Ich empfehle den Hulk insbesondere jungen, zierlichen Frauen, da deren Auftreten, Körpersprache und Stimme sofort mehr Gewicht bekommen, wenn sie mit diesem Bild arbeiten.

*Übung*

Stellen Sie sich vor, Sie würden wie die Comicfigur Hulk in die Höhe und Breite schießen (falls Sie Hulk nicht kennen, stellen Sie sich stattdessen das Michelinmännchen oder auch eine riesige Buddhastatue vor). Zuerst wachsen Ihre Füße. Aber nicht nur um eine oder zwei Größen, sondern bis auf Schuhgröße 60. Auch Ihre Waden und Oberschenkel wachsen, werden breit und sehr muskulös. Dann ist Ihr Hintern an der Reihe, der immer dicker wird. Nun merken Sie, wie sich Ihr Rückgrat nach oben zieht und Sie immer länger werden. Bei 2,20 Metern hört das Ziehen schließlich auf. Sie bekommen einen richtigen Stiernacken, und auch Ihre Schultern werden extrem breit und muskulös. Dazu brauchen Sie natürlich passende Arme, mit Händen so groß wie Schaufeln. Und zu guter Letzt passt sich auch Ihr Kopf den veränderten Körperproportionen an.

Gehen Sie nun einige Schritte im Raum auf und ab (bitte so normal wie möglich und nicht, als ob Sie Godzilla wären; Sie sind immer noch Sie selbst, nur eben etwas gewichtiger). So können Sie mit Ihrem neuen Körper vertraut werden und ihn spüren. Das fühlt sich ganz anders an als die Engelsflügel, oder? Versuchen Sie, dieses Gefühl festzuhalten und sich zu merken.

## Der barocke Rock

Zum Schluss habe ich noch ein Bild nur für die Damen. Es gibt ja immer wieder Situationen, in denen Sie einige Schritte gehen müssen und dabei beobachtet werden, zum Beispiel wenn Sie als Letzte den Konferenzraum betreten und zu Ihrem Platz gehen. Oder Sie möchten einen Kunden begrüßen, der am Empfang auf Sie wartet. In diesen Fällen werden Sie vermutlich nicht langsam gehen, sondern eher ein flottes Tempo an den Tag legen. Doch wie beim Sprechen ist eine hohe Geschwindigkeit auch hier ein Zeichen dafür, dass Ihnen etwas nicht wichtig ist (siehe Seite 36). Gehen Sie hingegen langsam, zeigen Sie, dass Sie selbstbewusst sind (sich Ihrer selbst bewusst sind) und sich wichtig nehmen. Die Folge: Sie werden stärker wahrgenommen. Und dabei hilft Ihnen der barocke Rock. (Die Herren nehmen einfach mit den Engelsflügeln vorlieb, die jedoch eine ähnliche Wirkung haben.)

*Übung*

Beim barocken Rock handelt es sich um ein bodenlanges Modell, das sowohl an den Seiten als auch hinten sehr ausladend ist. (Wenn Sie nicht wissen, was ich meine, dann schauen Sie sich mal Bilder von Damen am Hofe des französischen Königs Ludwig XIV. oder der englischen Königin Elisabeth I. an.) Stellen Sie sich nun vor, Sie haben diesen Rock an. Spüren Sie die Unmengen von Stoff rund um sich herum und wie er beim Gehen über den Boden schleift. Und jetzt gehen Sie einige Schritte. Sie werden sehen, Ihr Gang wird – unabhängig davon, ob Sie gerade ein Kostüm oder eine Jeans anhaben – automatisch langsamer und weicher. Allerdings sollten Sie darauf achten, dass Sie nicht zu langsam werden, sonst wirkt es wie das Schreiten bei einer Hochzeit. Versuchen Sie, Ihren normalen Gehrhythmus zu finden, der mit dem barocken Rock um einiges weicher wirkt.

*Tipp*
Am Anfang üben Sie am besten nur das Gehen. Das Gehen als Hulk, das Gehen mit Engelsflügeln oder das Gehen mit dem barocken Rock – und sobald Sie stehen, holen Sie den Känguruschwanz raus. Haben Sie so ein Gefühl für die verschiedenen Bilder entwickelt, können Sie sie auch in allen anderen Situationen anwenden. Aber auch hier gilt: zunächst privat üben und das Ganze dann erst bei Gesprächen mit Kollegen oder Kunden ausprobieren.

All diese Präsenzübungen dienen dazu, sich zu zentrieren. Der Raum neben und hinter Ihnen ist genauso wichtig wie der vor Ihnen. Wenn Sie nur das wahrnehmen, was Sie sehen, sind Sie nur zur Hälfte präsent. Sind Sie dann auch noch mit Ihren Gedanken bei dem, was Sie sehen, sind Sie selbst kaum noch präsent. Stellen Sie sich vor, Sie sind ein Schauspieler zu Shakespeares Zeiten und stehen – wie damals üblich – auf einer runden Bühne. Wenn Sie also als Hamlet mit den berühmten Worten »Sein oder nicht sein …« Ihren Monolog beginnen, befindet sich Ihr Publikum nicht nur vor Ihnen, sondern auch neben und hinter Ihnen. Und schon ergibt der Satz »Sprechen Sie aus dem Rücken« (siehe Seite 89) einen Sinn.

## Exkurs: Die Vorbereitung

Das Thema Vorbereitung ist in diesem Zusammenhang relevant, da wir uns als Redner beziehungsweise Vortragende oder Gesprächsteilnehmer nur dann wohlfühlen, also präsent sind, wenn wir uns gut vorbereitet fühlen. Und damit meine ich weniger die inhaltliche Seite, denn ich gehe davon aus, dass Sie sich im Vorfeld einer wichtigen Präsentation überlegen, was Sie sagen wollen (auf das Thema »Aufbau eines Vortrags« komme ich gleich noch zu sprechen), und dies in Gedanken ein- oder mehrmals durchgehen. Vielmehr geht es mir um das »Drumherum«.

### Was Sie im Vorfeld bedenken sollten

Wenn ich bei einem fremden Kunden einen Vortrag halten soll, versuche ich, so früh wie möglich vor Ort zu sein, um mir in aller Ruhe einen Eindruck von den Räumlichkeiten verschaffen zu können, um die Technik aufzubauen/zu überprüfen und um mich ganz allgemein zu akklimatisieren. Für viele aber erschöpft sich dieser Teil der Vorbereitung in der Frage: »Gibt es einen Beamer, mit dem ich meine PowerPoint-Präsentation an die Wand werfen kann?« Dabei gilt es – besonders wenn man mit der Umgebung nicht vertraut ist – eine Vielzahl von Dingen zu bedenken, die zugegebenermaßen allesamt Kleinigkeiten sind, die Sie aber während Ihres Vortrags leicht aus der Fassung bringen und den positiven Eindruck zunichtemachen können. Hier einige Beispiele:

- Die Akustik des Raums ist denkbar schlecht, sodass man Sie in den letzten Reihen kaum noch hören kann, zumal im Nebenraum ebenfalls eine Veranstaltung stattfindet, gegen die Sie zusätzlich »anreden« müssen. Hier wäre ein Mikrofon hilfreich gewesen, das man Ihnen durchaus auch hätte zur Verfügung stellen können, wenn man rechtzeitig gewusst hätte, dass Sie eines benötigen … Und auch hier lauern Stolperfallen, denn was nützt Ihnen ein Handmikro, wenn Sie Ihre Notizen für den Vortrag auf Karteikarten notiert haben (die Sie dann nicht mehr vernünftig halten können)? Natürlich gibt es dafür einen Ständer, aber um den sollten Sie sich möglichst vor Beginn der Veranstaltung kümmern und nicht währenddessen. Auch kann es Ihnen passieren, dass das einzige Mikrofon am Rednerpult befestigt ist, Sie es aber gewohnt sind, sich während Ihrer Präsentation im Raum zu bewegen (siehe Seite 126). Hier kann mithilfe eines Krawattenmikrofons Abhilfe geschaffen werden (es sei denn, Sie tragen eine Bluse, die bei jeder Bewegung so laut raschelt, dass man Sie kaum verstehen kann), sofern Sie dieses Problem im Vorfeld ansprechen. Mir ist einmal Folgendes passiert: Bei einem meiner Vorträge sollte ich mit einem Krawattenmikrofon arbeiten. Nun muss man wissen, dass zu diesen kleinen Mikrofonen ein nicht ganz so kleiner Sender gehört, der in der Regel hinten an der Hose befestigt wird. Wie praktisch, dass ich ausgerechnet an diesem Tag eine dünne Stoffhüfthose ohne Gürtel anhatte. Das Ergebnis können Sie sich vorstellen: Die Hose rutschte hinten langsam, aber sicher, und irgendwann konnte ich mich nur noch seitwärts bewegen, damit niemand merkte, dass schon meine Pobacken zu sehen waren. Seitdem habe ich immer einen Reservegürtel dabei, denn ich möchte definitiv nicht als die Rednerin in Erinnerung bleiben, die auf der Bühne die Hose verliert.

- Sie sollen heute eine Präsentation vor dem Vorstand und dem erweiterten Führungskräftekreis halten. Natürlich haben Sie da den guten Anzug/das gute Kostüm in gedeckten Farben sowie entsprechendes Schuhwerk gewählt. Haben Sie aber auch bedacht, dass Sie heute auf einer Bühne mit glatt poliertem Holzbelag stehen werden, auf dem Sie mit Ihren – zugegebenermaßen sehr eleganten – Pumps beziehungsweise handgenähten Schnürschuhen mit Ledersohle vielleicht keinen Halt finden werden? Und auch an dieser Stelle noch einmal die Bitte: Sowohl der italienische Anzug als auch das taillierte Kostüm sehen todschick aus, lassen Ihnen aber buchstäblich keine Luft zum Atmen, wenn sie nur bei eingezogenem Bauch passen (siehe

Seite 56). Entscheiden Sie sich bei wirklich wichtigen Terminen daher lieber für etwas, das ein wenig bequemer ist und trotzdem gut aussieht.

- Wie schmeichelhaft: Sie sollen als Experte in einer Talkrunde im Fernsehen auftreten. Doch standen Sie davor schon einmal im Scheinwerferlicht? Und das ist jetzt nicht im übertragenen Sinn gemeint, sondern ganz wörtlich. Denn ich habe erst neulich erlebt, wie ein solcher »Neuling« den Beleuchter fast zur Verzweiflung getrieben hat, indem er immer wieder aus dem Scheinwerferlicht geflohen ist, weil es ihn so geblendet hat. Und da ist er nicht der Einzige. Auch der Umgang mit Scheinwerferlicht ist etwas, das man vorher einmal probiert haben sollte.

Diese Liste mit kleinen, aber gemeinen Stolpersteinen ließe sich noch lange fortsetzen. Deshalb machen Sie sich bitte bei der Vorbereitung Ihrer Rede, Ihrer Präsentation oder Ihres Vortrags nicht nur über den Inhalt Gedanken, sondern fragen Sie sich auch, woran Sie – in Bezug auf Technik, Räumlichkeiten etc. – sonst noch denken sollten (oder erkundigen Sie sich gegebenenfalls bei jemandem mit mehr Erfahrung). Das gibt Ihnen zusätzliche Sicherheit und stärkt letztlich ebenfalls Ihre Präsenz.

*Tipp*

Auch das gehört zur Vorbereitung: Räumen Sie alles weg, was Sie während Ihres Vortrags irritieren oder ablenken könnte. Sind Sie jemand, der gern mit herumliegenden Stiften oder Papier spielt? Dann räumen Sie diese Dinge außer Griffweite, und verwenden Sie Karteikarten. Oder neigen Sie dazu, ständig die Hände in die Hosentaschen zu stecken? Dann tragen Sie eine Hose, bei denen die Taschen noch zugenäht sind. So kommen Sie erst gar nicht in Versuchung.

## Die textliche Vorbereitung

Falls es zu Ihrer persönlichen Vorbereitung gehört, den Vortrag einmal komplett auszuformulieren, dann tun Sie das möglichst in »Sprech-Deutsch«. Viele setzen sich an ihren Computer und schreiben so, als würden sie einen Brief verfassen. Und beim Vor- oder Durchlesen merken sie dann, dass die Sätze sehr lang und/oder sperrig sind. Meist schieben sie das auf die fehlende Redepraxis, aber auch ein Profisprecher hätte Schwierigkeiten, diesen Text so zu sprechen, dass er natürlich klingt. Deshalb bitte die Sätze erst »redend« formulieren und dann aufschreiben – und zwar genau so, wie Sie sie gesagt haben.

Das habe ich mit meinen Radiomoderationen genauso gemacht. Die sahen dann zum Beispiel so aus: »So ... schon kurz nach halb fünf. So langsam, aber sicher nähern wir uns dem Feierabend! Ähm ... welche Musik passt denn nun am besten dazu? ... Warten Sie ... (krame in CDs) ... hier ... was Schwungvolles, ... damit Ihnen die restliche Arbeit schnell von der Hand geht. Hier sind Texas Lightning mit ›No no never‹ ...«

*Tipp*

Schreiben Sie in Ihr Redemanuskript (Karteikarten bitte gut sichtbar nummerieren, damit Sie auch dann noch wissen, wo es weitergeht, wenn die Kärtchen einmal durcheinandergeraten) auch »Regieanweisungen«. Also zum Beispiel »Pause«, »Ausatmen«, »Känguruschwanz«, »Grafik zeigen« oder woran Sie sich sonst noch erinnern möchten. Denn sind wir erst einmal im Thema drin, vergessen wir vieles von dem, was wir uns vorgenommen haben.

## Was wirklich in Erinnerung bleibt: der Anfang und das Ende

Zum Abschluss dieses Kapitels möchte ich noch wie angekündigt kurz auf den Aufbau eines Vortrags (einer Präsentation, einer Rede, eines Gesprächs etc.) zu sprechen kommen. Überlegen Sie einmal: Wie gehen Sie vor, wenn Sie einen Vortrag inhaltlich vorbereiten? Sie werden vermutlich darüber nachdenken, welches Thema Sie behandeln möchten (sofern Ihnen das nicht vorgegeben ist). Weiterhin werden Sie sich Gedanken darüber machen, welche Aspekte dieses Themas Sie zur Sprache bringen wollen und welche Argumente Ihre These, Ihr Anliegen stützen könnten. Kurz: Sie beschäftigen sich vornehmlich mit dem Hauptteil Ihres Vortrags. Dagegen ist grundsätzlich auch nichts einzuwenden, aber viele vergessen darüber völlig, dass zu einem gelungenen Vortrag zudem ein Einstieg und ein Ausstieg gehören. Insbesondere die Kunst, einen Vortrag gekonnt zu beenden, im passenden Moment auszusteigen oder einen guten Satz zum Abschluss zu platzieren, üben die wenigsten. Dabei bleibt nicht nur der erste Eindruck, sondern natürlich auch der letzte mit am stärksten in Erinnerung.

Bei einem Varieté zum Beispiel ist der Schluss der Höhepunkt der gesamten Vorstellung – es ist das, was bleibt. Kabarettisten heben sich die Nummern, die am besten funktionieren, immer für den zweiten Teil der Show, also für das Ende, auf. Warum? Damit die Zuschauer, wenn sie gehen, sagen: »Wow, was für ein toller Abend!« Denn ist das Ende groß und stark, überstrahlt es einen möglicherweise schwächeren Mittelteil. Vergleichen wir das nun mit einer Präsentation oder Rede: Wenn Sie während Ihres Vortrags merken, dass Sie in Zeitnot geraten, wo werden Sie vermutlich kürzen? Am Ausstieg (zumindest würden das die meisten tun). Häufig entfällt dann das Ende sogar komplett. Es kommt kein Schlusssatz, kein starkes Bild, sondern – im schlimmsten Fall – nur ein lapidares: »Also, das war's dann.« Und damit haben Sie Ihre ganze schöne Präsentation relativiert. Denn dieser schwache Ausstieg ist das, woran sich Ihre Zuhörer nachher als Erstes erinnern werden.

*Tipp*
Halten Sie sich immer vor Augen, wie wichtig Einstieg und Ausstieg bei einer Rede, Präsentation etc. sind, und kürzen Sie stets im Mittelteil, wenn Sie weniger Redezeit zur Verfügung haben oder merken, dass Sie sich bei einem Punkt zu lange aufgehalten haben und nun nicht mehr alle Themen in der vorgegebenen Zeit ansprechen können. Kürzen Sie nie den ersten oder den letzten Eindruck. So können Sie übrigens im Mittelteil ruhig auch einmal stolpern oder den Faden verlieren. Es wird nicht weiter auffallen oder zumindest nicht in Erinnerung bleiben.

**Der gekonnte Aufbau**

Ich zeige Ihnen nun, wie Sie eine Präsentation oder eine Rede grob aufbauen können: Gehen Sie auf die Bühne, oder treten Sie vor Ihre Zuhörer, und machen Sie eine Pause. Damit ziehen Sie alle Aufmerksamkeit auf sich, und der so wichtige Einstieg fällt schon einmal auf fruchtbaren Boden. Sind alle mucksmäuschenstill, beginnen Sie mit dem ersten Satz – einem schönen Bild, einem treffenden Zitat oder einer provokanten These. Danach ist dann die offizielle Begrüßung an der Reihe. Bedanken Sie sich bei den Teilnehmern und/oder dem Gastgeber, und stellen Sie sich vor. Daran anschließend folgen der Mittelteil und schließlich das Ende Ihres Vortrags. Überlegen Sie sich einen prägnanten Schlusssatz, ein letztes Bild oder eine Geschichte, mit der Sie das Thema nochmals aufgreifen und zusammenfassen beziehungsweise Ihre Kernaussage(n) in Erinnerung rufen. Und danach machen Sie wieder eine Pause, um dieses Schlussbild oder die Geschichte wirken zu lassen. Erst wenn Ihre Zuhörer auf das Ende Ihrer Rede reagieren (mit Applaus oder – in kleineren Runden – mit Auf-den-Tisch-Klopfen, mit dem Griff zum Kaffeebecher oder dem Nach-hinten-Rücken mit dem Stuhl), bedanken Sie sich für die Aufmerksamkeit und bieten gegebenenfalls an, eventuelle Fragen in einem separaten Gespräch oder einer Fragerunde zu klären. Zu guter Letzt verlassen Sie die Bühne/das Rednerpult wieder. So wirkt Ihr Vortrag rund, leicht und souverän – von Anfang bis Ende.

*Tipp*

Wenn Sie als Redner angekündigt werden und daraufhin die Bühne betreten, müssen Sie sich nicht erst mit einer Pause die Aufmerksamkeit »erarbeiten«, da Sie diese automatisch bekommen. Trotzdem ist eine solche Pause hilfreich, weil Sie Zeit gewinnen, um sich das Publikum anzusehen, sich richtig hinzustellen, auszuatmen, anzukommen und sich Ihren ersten Satz in Erinnerung zu rufen. In einem kleineren Kreis, wo Sie in aller Regel nicht angekündigt werden, können Sie die Aufmerksamkeit der Teilnehmer auch dadurch auf sich ziehen, dass Sie aufstehen. Wenn ich eine Veranstaltung moderiere, sitze ich anfangs gern mit allen anderen am Tisch und stehe in dem Moment auf, in dem ich anfange. Schon habe ich die Aufmerksamkeit der Anwesenden. Oder ich gehe nach vorn und stelle mich demonstrativ hin. Dann schaue ich lächelnd in die Runde und verharre gegebenenfalls mit meinem Blick – immer noch lächelnd – dort, wo noch geredet wird. Ich erhebe nicht den Zeigefinger und verliere kein böses Wort, sondern vertraue einfach auf die Gruppendynamik (siehe Seite 46). Und glauben Sie mir: Das funktioniert immer, ob bei Kindern, pubertierenden Jugendlichen oder erschöpften Managern. Danach beginne ich dann mit meinem Einstieg.

**Ein brillantes Ende**

Arbeiten Sie eigentlich mit PowerPoint? Dann lassen Sie mich raten: Auf Ihrer ersten Folie steht sehr wahrscheinlich das Thema Ihres Vortrags und auf der letzten »Vielen Dank für Ihre Aufmerksamkeit«, richtig? Aber warum eigentlich? Oder um es mit den Worten des bekannten Rhetoriktrainers René Borbonus zu sagen: »Wenn sich viele Menschen zur gleichen Zeit am gleichen Ort versammeln, dann wissen diese Personen auch, warum sie hier sind. Da müssen Sie nicht noch darauf hinweisen, dass sich alle für die Verabschiedung von Frau Knie versammelt haben.« Auch soll der letzte Eindruck doch ein Bild, eine Emotion, eine Idee hinterlassen. Und was für ein Bild, welche Emotion, welche Idee könnte wohl bei »Vielen Dank für Ihre Aufmerksamkeit« entstehen? Vor allem, wenn die drei Vorredner auch schon diese geniale Folie gezeigt haben und die zwei, die nach Ihnen noch folgen, auch nicht ohne diesen Satz auskommen. Sie spielen die Hauptrolle, nicht die PowerPoint-Präsentation. Schalten Sie also den Beamer aus – oder besser gar nicht erst an –, und richten Sie Ihre letzten Worte ganz persönlich ans Publikum.

Übrigens: Manche neigen dazu – bei einem Feedbackgespräch, einem kontroversen Meeting oder im privaten Bereich, zum Beispiel nach einem Streit –, mit einem Appell zu enden. Aber ist das wirklich der letzte Eindruck, den Ihr Gegenüber mit aus dem Gespräch nehmen soll? Ein Beispiel: Sie haben

(mal wieder) mit Ihrem Partner gestritten, weil er den Klodeckel nicht heruntergeklappt hat. Er hat sich entschuldigt, und Sie haben sich wieder versöhnt. Und nun sagen Sie zum Abschluss: »Aber beim nächsten Mal denkst du dran!« Merken Sie es? Damit lassen Sie Ihren Partner richtig schlecht aussehen, obwohl die Sache doch eigentlich bereinigt ist, und zurück bleibt ein schaler Nachgeschmack. Überlegen Sie daher genau, wie Sie Ihren Gesprächspartner beziehungsweise Ihre Zuhörer entlassen. Ich persönlich singe zum Abschluss gern eine schnellere Nummer zum Mitklatschen und Mitsingen. So entsteht nochmals ein Gemeinschaftsgefühl, und alle gehen mit einer positiven Erinnerung an den Vortrag nach Hause. Fragen Sie sich also – unabhängig davon, ob Sie gut singen können oder nicht: Was soll von dieser Veranstaltung oder diesem Gespräch bleiben?
Nach all dieser Theorie nun aber noch einige Beispiele, wie das in der Praxis aussehen könnte: Eine gute Möglichkeit ist, den Einstieg beim Ausstieg wieder aufzugreifen. So bin ich beispielsweise bei einem der Hamburger Logistiktage (mein Rhetorikvortrag war das bunte Rausschmeißerthema, nachdem sich die Logistiker schon gefühlte hundert Beiträge angehört hatten) folgendermaßen vorgegangen: Ich machte eine Pause und sagte dann: »Ich habe mich auf diesen Vortrag perfekt vorbereitet. Ich habe mir genau überlegt, was ich Ihnen in der nächsten halben Stunde sagen werde und welche Beispiele, Tipps und Tricks ich Ihnen mit auf den Weg geben möchte. Aber wird das deswegen auch ein perfekter Vortrag? Ich hoffe nicht, denn perfekte Reden sind langweilig. Und damit bin ich auch schon beim Thema ...« Dann folgten die Selbstvorstellung und die Begrüßung sowie der Hauptteil. Als mir der Gastgeber schließlich das Zeichen gab, dass ich nur noch ein paar Minuten hatte, führte ich meinen letzten Gedankengang zu Ende und konzentrierte mich auf meinen vorbereiteten Schlusssatz:

»Denken Sie also daran, meine Damen und Herren, versuchen Sie nicht, perfekt zu sein, seien Sie lieber authentisch.« Danach habe ich wieder eine Pause gemacht, bis der Erste anfing zu klatschen.

Oder: Der Geschäftsführer eines kleineren Unternehmens hatte einen Vorstandsposten in einem großen Medienunternehmen angenommen. Er kam zu mir, weil er sich nun den vielen Mitarbeitern, seinen Vorstandskollegen, dem Betriebsrat etc. vorstellen musste. Wir überlegten gemeinsam, was wohl ein geeigneter »Aufhänger« für diese Selbstpräsentation sein könnte. Wir blätterten Zeitungen durch, suchten nach einer passenden Anekdote oder einem treffenden Zitat, fanden aber nichts, das uns wirklich überzeugt hätte. Also machten wir erst einmal eine Kaffeepause, in der er mir erzählte: »Der Kommentar meiner Frau lautete nur: ›Super, erst Barcelona, dann Hamburg und nun Gütersloh ...‹« Daraufhin fing ich breit an zu grinsen und meinte: »Das ist der perfekte Einstieg!« Er begann seine Rede also mit dem Satz: »Meine Frau hat zu mir gesagt: ›Super, erst Barcelona, dann Hamburg und jetzt Gütersloh.‹« Daraufhin musste schon die halbe Belegschaft lachen. Dann stellte er sich mit Namen vor, begrüßte die Zuhörer und erzählte etwas über seinen Werdegang. Zum Abschluss meinte er dann: »Und deswegen habe ich meiner Frau geantwortet: ›Ja, Gütersloh ist jetzt genau der richtige Schritt.‹«

Und noch ein sehr einfacher, aber durchaus gelungener Ein- und Ausstieg: Bei der Zehn-Jahres-Feier eines Weiterbildungsinstitutes kam ein Redner auf die Bühne und sagte als Erstes: »Ich habe mir gerade mit drei Gläsern Sekt Mut angetrunken. Daher hoffe ich, dass ich diese Rede heil überstehe. Sie müssen nämlich wissen, dass ich kein großer Redner bin ...« Und als Ausstieg sagte er dann: »So, jetzt habe ich mir noch ein Glas Sekt verdient.« Und ging, begleitet von lautem Gelächter, von der Bühne.

*Tipp*

Achten Sie darauf, dass der von Ihnen gewählte Ein- und Ausstieg auch zu Ihnen passt. Wenn Sie kein großer Witzeerzähler sind, dann fangen Sie nicht mit einem Witz an. Wenn Ihnen ein Zitat schwer über die Lippen kommt, dann wählen Sie ein anderes, oder formulieren Sie es sinngemäß um. Es ist Ihr Vortrag/Ihre Rede/Ihre Präsentation, also sollten der Anfang und das Ende zu Ihnen passen.

*Zusammenfassung: Kommunikationsfalle Präsenz*

- Spüren Sie sich im Hier und Jetzt. Lassen Sie dabei auch negative Gefühle zu.
- Legen Sie eine Was-entspannt-mich-Liste an, und gönnen Sie sich regelmäßig etwas davon. Denn ein Gummiband, das nur gedehnt wird, reißt irgendwann.
- Bauen Sie mit Eutonie Ihre Präsenz auf. Nutzen Sie dazu den Känguruschwanz, die Engelsflügel, den Hulk oder den barocken Rock.
- Versuchen Sie – gerade wenn es sich um einen wichtigen Vortrag handelt –, im Vorfeld so viele Dinge wie möglich in Bezug auf Technik, Räumlichkeiten und Rahmenbedingungen zu klären. Das gibt Ihnen zusätzliche Sicherheit.
- Von Ihrem Vortrag bleiben besonders zwei Dinge in Erinnerung: der Einstieg und der Ausstieg. Entsprechend sollten Sie diese planen.

# Kommunikationsfalle Körpersprache

Wie heißt es so schön: Der Körper spricht mit – immer. Kein Wunder also, dass es zu diesem Thema so viele Bücher, so viele Meinungen und so viele Regeln gibt. Doch um das gleich vorwegzunehmen: Ich persönlich halte nicht allzu viel von diesen starren Regeln. Natürlich werde auch ich Ihnen in diesem Kapitel Empfehlungen geben, aber das Wichtigste dabei ist, dass Sie Ihre eigene, natürliche Körpersprache finden. Denn nur so wirken Sie authentisch und überzeugend.
Es kommen immer wieder Leute zu mir, die sagen: »Man hat mich darauf hingewiesen, dass ich mich beim Reden zu viel bewege. Deshalb versuche ich, mir das gerade abzugewöhnen.« Tun Sie das nicht! Versuchen Sie nicht, zu schauspielern oder sich krampfhaft bestimmte Gesten anzutrainieren, die nicht zu Ihnen passen – Ihre Zuhörer werden das merken. Lernen Sie sich stattdessen selbst besser kennen (nehmen Sie sich selbst bewusst wahr), und bleiben Sie sich vor allem selbst treu. Sollten Sie also feststellen, dass beispielsweise das Gehen während eines Vortrags nichts für Sie ist, dann lassen Sie es einfach sein. Richten Sie sich ausschließlich danach, womit Sie sich wohlfühlen und was Ihrem Naturell entspricht. Abschließend sei Ihnen in diesem Zusammenhang noch einmal der Tipp von Seite 74 ans Herz gelegt: Nichts ist so gut, dass Sie es immer machen sollten, und nichts so schlecht, dass Sie es nie machen dürfen. Wenn Sie das berücksichtigen, kann eigentlich nicht viel schiefgehen.
Bevor ich aber nun näher auf einzelne Aspekte der Körpersprache eingehe, möchte ich Ihnen zunächst einen der wichtigsten Grundsätze nahebringen:

## Der Körper führt, die Stimme folgt

Das bedeutet, dass Ihre Körpersprache, Ihre Haltung, Ihre Körperspannung und die Schnelligkeit Ihrer Bewegungen Ihre Stimme beeinflussen. Wenn Sie also Ihren Körper anspannen, dann ist das so, als ob Sie eine Gitarrensaite spannen. Die Folge: Sie erzeugen einen höheren Ton – und Ihr Körper reagiert genauso. Probieren Sie es ruhig einmal aus: Bewegen Sie Ihre Arme und Hände zackig, dann wird auch Ihre Stimme zackig klingen. Bewegen Sie Ihre Arme dagegen weich, wird die Stimme ebenfalls weicher. Nehmen Sie sich mehr Raum bei Ihren Bewegungen, wird Ihre Stimme voluminöser klingen. Bewegen Sie die Hände tiefer, vielleicht auch einmal unterhalb des Bauchnabels, wird sie tiefer klingen.

Um es Ihnen bildlich vor Augen zu führen: Stellen Sie sich einen Mann vor, der sich gerade mit seiner Partnerin streitet: Sie hat mal wieder stundenlang mit ihrer besten Freundin telefoniert und dabei völlig vergessen, dass sie eigentlich mit ihm ins Kino gehen wollte. Er ist also richtig sauer. Wie ist da wohl seine Körperhaltung? Angespannt, völlig klar. Noch dazu beugt er sich zu ihr nach vorn, wodurch sein Körper noch mehr angespannt wird. Und die Hände? Richtig, die fuchteln ganz weit oben durch die Luft. Und die Stimme? Die passt sich an. Möchte dieser Mann nun eine tiefere Stimme aus sich herausholen (Sie erinnern sich: tief = überzeugend), obwohl er aufgebracht und enttäuscht ist, dann sollte er versuchen, seinen Körper, so weit es geht, zu entspannen. Er sollte versuchen, die Hände tiefer und langsam zu bewegen. Dann wird sich seine Stimme automatisch seinem Körper anpassen.

Wobei ich damit nicht sagen will, dass Sie Ihrer Lebenspartnerin etwas vorspielen sollen. Es geht darum, diese nicht durch einen heftigen Streit ins Neandertalerhirn zu bugsieren. Denn wenn sie dort erst einmal gelandet ist – und Sie auch, weil Sie sauer sind und die vielen Emotionen Ihr Denkhirn ausschalten –, dann wird ein klärendes Gespräch nichts bringen. Das heißt: Entweder Sie ziehen sich zurück, bis Sie wieder klar denken können, oder Sie versuchen so zu sprechen, dass Ihre Lebenspartnerin zwar mitbekommt, dass Sie wütend und verletzt sind, sich aber nicht so stark angegriffen fühlt, dass sie sofort ins Neandertalerhirn wechselt und zurückkeift. Hilft es Ihnen jedoch, zu schreien und die verhasste Vase, die Ihnen Ihre Schwiegermutter letztes Jahr zu Weihnachten geschenkt hat, auf den Boden fallen zu lassen, dann machen Sie das! Nur weil Sie nun wissen, wie Sie im Denkgehirn bleiben können, heißt das noch lange nicht, dass Sie es auch müssen. Es wirkt manchmal sehr befreiend, etwas Unvernünftiges zu tun.

*Tipp*

Vermeiden Sie vor allem bei Vorträgen und Präsentationen ständig wiederkehrende, monotone Bewegungen, denn sonst wird auch Ihre Stimme entsprechend klingen. Versuchen Sie stattdessen, mit der Bewegung die Bedeutung Ihrer Worte zu unterstreichen. Möchten Sie sagen »Das ist WICHTIG!«, dann sollten Sie bei »wichtig« eine Hand, einen Finger oder den ganzen Arm bewegen, wobei bereits eine kleine Bewegung ausreicht. Dirigieren Sie sich einfach selbst, indem Sie versuchen, mit Ihren Bewegungen die Betonungen zu treffen. Am besten üben Sie das vor dem Spiegel.

## Wohin nur mit den Händen?

In meinen Seminaren höre ich immer wieder: »Frau García, ich weiß während eines Vortrags einfach nicht, wohin mit meinen Händen.« Komisch eigentlich, denn ich habe diese Frage noch nie gestellt bekommen, wenn es um eine private Unterhaltung geht. Oder ist auf Sie schon einmal ein Bekannter zugekommen und hat gesagt: »Ich würde dir ja gern erzählen, wie das Gespräch mit meinem Chef heute gelaufen ist, aber ich weiß einfach nicht, wohin mit meinen Händen ...«?

Also: Wo haben Sie Ihre Hände, wenn Sie sich privat unterhalten? Was tun Sie damit? Vermutlich wissen Sie das gar nicht so genau,

denn in diesen Situationen handeln Sie in der Regel völlig unbewusst. Deshalb ist es auch keine leichte Aufgabe, sich selbst einmal dabei zu beobachten. Vielleicht klappt es besser mithilfe einer Kamera. Die Mühe lohnt sich auf jeden Fall, denn vor Publikum oder im Gespräch mit Kunden, Kollegen und Vorgesetzten brauchen Sie nur genau das mit Ihren Händen zu tun, was Sie tun, wenn Sie Ihrer Freundin von einem Kinofilm erzählen, den Sie kürzlich gesehen haben. Und schon wirken Ihre Gesten und Bewegungen vollkommen natürlich und damit authentisch.
An dieser Stelle kommt in meinen Seminaren regelmäßig der Einwand: »Was aber, wenn ich nun feststelle, dass ich privat oft mit verschränkten Armen rede? So kann ich mich doch nicht mit einem Kunden unterhalten?« Und ich antworte darauf genauso regelmäßig: »Warum nicht?« Ich kenne einen Verkäufer in Hannover, der meistens mit verschränkten Armen dasteht, wenn er seine Kunden berät. Noch dazu hält er dabei einen Finger nachdenklich an die Lippe, obwohl es heißt, man solle bloß nie das Gesicht verdecken, weil der Gesprächspartner sonst denkt, dass man lügt. Trotzdem – oder vielleicht auch gerade wegen seiner verschränkten Arme – macht er den meisten Umsatz. Denn er wirkt authentisch. Und er hat so ein freundliches Gesicht, mit einem breiten Pfefferkuchengrinsen, dass man keine Sekunde an seiner Ehrlichkeit und Kompetenz zweifelt. Die Kunden suchen geradezu seine Nähe, obwohl in fast jedem Körpersprachebuch zu lesen ist, dass verschränkte Arme Ablehnung bedeuten.

*Tipp*

Ihr Gegenüber nimmt Sie immer als Ganzes wahr (Gestik, Mimik, Stimmlage, Inhalt Ihrer Aussagen). Daher wird er einzelne Aspekte nur dann negativ deuten, wenn der Rest diese Annahme ebenfalls widerspiegelt. Er wird die verschränkten Arme aus unserem Beispiel also nur dann als Ablehnung werten, wenn Sie gleichzeitig einen grimmigen Gesichtsausdruck machen, mit den Augen rollen oder eine entsprechende Bemerkung fallen lassen. Wenn Sie dabei aber lachen oder interessiert ein Bild betrachten, wird er die Geste völlig anders deuten. Wichtig ist also, dass der Gesamteindruck stimmig ist.

Wenn Sie früher schon einmal die Frage »Wohin mit meinen Händen?« gestellt haben, dann kennen Sie bestimmt die folgende Antwort: »Nehmen Sie einen Stift oder Karteikarten in die Hand, dann haben Ihre Hände etwas zu tun.« Ich sage nichts gegen die Karteikarten, wenn Sie diese als Redemanuskript verwenden, aber ein Stift? Ich kenne niemanden, der nicht sofort anfängt, mit dem Stift zu spielen, sobald er ihn in der Hand hat. Bei einem Kugelschreiber ist es ganz schlimm, weil die meisten ständig auf den Knopf drücken, der die Miene herein- und herausschnippen lässt – und das macht einen nervösen Eindruck. Also kommen einige Trainer mit dem Ratschlag, dass Sie doch einen Bleistift in die Hand nehmen könnten ... Ich persönlich rate davon ab, permanent einen Stift in der Hand zu halten, weil es Ihre Körpersprache stark einschränkt. Wenn Sie sich dadurch aber besser fühlen, tun Sie es!
Ebenfalls sehr beliebt in Körperspracheratgebern und -seminaren sind diese drei Handhaltungen:

- Sie geben sich auf Taillenhöhe selbst die Hand.
- Sie bilden mit Ihren Händen eine Raute, indem der rechte Daumen den linken Daumen berührt, der rechte Zeigefinger den linken und so weiter. Falls Sie sich das nicht bildlich vorstellen können, dann beobachten Sie doch einmal Angela Merkel. Als

sie das erste Mal zur Bundeskanzlerin gewählt wurde, favorisierte sie noch das »Händchen-Halten«, inzwischen hat sie die Raute für sich entdeckt.
- Sie legen die Handflächen (nach oben geöffnet) wabenförmig ineinander.

Das Problem bei diesen Handhaltungen ist, einmal abgesehen davon, dass die eine oder andere etwas seltsam aussieht und Sie privat Ihre Hände nie so halten würden, dass Sie nicht mehr davon loskommen. Ich spreche dann immer davon, dass in den Handflächen Magnete versteckt sind, die sich automatisch aktivieren, sobald Sie eine dieser Haltungen einnehmen. Das hat zur Folge, dass es einiger Kraft bedarf, Ihre Hände voneinander zu lösen – und Sie werden sie danach auch sofort wieder zusammenführen. Da jedoch keine Geste so gut ist, dass man sie immer machen sollte, sind diese Magnete nicht sonderlich günstig. Ich empfehle als Basis daher die Hände (und Arme) entspannt seitlich herunterhängen zu lassen. So haben Sie alle Möglichkeiten, Ihre Worte entsprechend zu unterstreichen: Sie können die Arme ausbreiten, nur einen Arm heben, eine Hand bewegen, auf etwas deuten, die Arme anwickeln ... Danach bringen Sie sie dann einfach wieder in die Ausgangsposition zurück. Und weil dort keine Magneten sind, können Sie Ihre Arme und Hände jederzeit so bewegen, wie Sie sie auch privat gern bewegen.

*Tipp*

Wollen Sie einmal testen, wie überzeugend Ihre Körpersprache ist? Dann versuchen Sie, einen Hund, ein Pferd oder auch ein Lama dazu zu bringen, das zu tun, was Sie von ihm wollen. Denn auch sie nehmen ihr Gegenüber mit allen

Sinnen wahr. So schreiben Eli H. Radinger und Günter Bloch in ihrem Buch »Wölfisch für Hundehalter« zum Beispiel, dass Hunde es geradezu »riechen«, wenn die Stimme von Frauchen oder Herrchen freundlich klingt, sie oder er aber innerlich vor Wut kocht. Das heißt, die Tiere werden Ihnen nur folgen, wenn Sie bei Ihrer Kommunikation ein schlüssiges, in sich stimmiges Bild vermitteln, da sie Ihnen – im Gegensatz zu Ihren Mitarbeitern oder anderen Menschen – nicht schon allein aufgrund Ihrer hierarchischen Position gehorchen werden. Das ist auch der Grund, warum dieser Test oft bei Führungsseminaren zum Einsatz kommt.

## Ich schau dir in die Augen, Kleines – Blickkontakt

Es heißt, man solle zirka siebzig Prozent der Zeit Blickkontakt mit seinem Gesprächspartner beziehungsweise mit seinem Publikum halten. Das fühlt sich schon fast an wie Dauerstarren. Noch dazu übertreiben es manche dann auch noch, indem sie wie wild hin und her blicken, um auch ja jeden Zuhörer zu »erwischen«. Aber es geht nicht darum, dass Sie jeden einmal anschauen. Viel wichtiger ist, eine persönliche Ansprechhaltung einzunehmen. Denn so schaffen Sie Vertrauen. Sie fühlen sich besser, und das wirkt sich auf Ihre Stimme aus – Sie klingen persönlich, authentisch und überzeugend.

Gehen Sie am besten folgendermaßen vor: Schauen Sie sich um, und bleiben Sie zunächst bei einem Gesicht hängen, das Sie ebenfalls anschaut. Die nächsten Sätze erzählen Sie – in Ihrer Vorstellung – nur dieser Person. Danach lassen Sie den Blick wieder langsam schweifen und reden die nächsten Sekunden nur zu Ihrem nächsten »Opfer«. Anschließend blicken Sie dann den oder die Nächste an ... Doch keine Sorge: Jedem Anwesenden ist trotzdem klar, dass Sie für alle und zu allen sprechen. Aber dadurch, dass Sie nur jeweils mit einer Person Blickkontakt aufnehmen, klingt das, was Sie sagen, so persönlich wie in einem Vier-Augen-Gespräch. Und so schafft ein guter Redner es, jeden seiner zweihundert Zuhörer im Saal »persönlich« anzusprechen.

*Tipp*

Auch für Radiomoderatoren ist es wichtig, eine persönliche Ansprechhaltung zu finden. Deshalb hat mir mein damaliger Chef vor meiner ersten Moderation geraten, ich solle mir das Foto einer guten Freundin ins Studio stellen und die Moderation einfach ihr erzählen. Vielleicht ist das ja ein Tipp, der auch Ihnen bei Ihrem nächsten Vortrag hilft.

Warum aber ist der Blickkontakt eigentlich so wichtig? Weil Sie dem Zuhörer dadurch zeigen, dass Sie ihn wahrnehmen. Wenn Sie nur flüchtig hin und her oder sogar auf den Boden, in die Luft oder über die Köpfe hinweg schauen, dann nehmen Sie Ihr Publikum nicht wirklich zur Kenntnis. Diese Menschen aber sind nur aus einem Grund hier: um Ihnen zuzuhören. Und sie schenken Ihnen das Wertvollste, was sie besitzen, ihre Zeit. Ist es da nicht das Mindeste, dass Sie ihnen Ihre volle Aufmerksamkeit widmen?

Sie wissen doch selbst, wie nervig es ist, wenn Sie der Gastgeberin etwas erzählen möchten – und diese schielt ständig auf den Eingang, um ja keinen wichtigen Neuankömmling zu verpassen. Das heißt natürlich nicht, dass Sie während eines Vortrags (oder eines Gesprächs) nicht auch einmal woanders hinschauen dürfen. Aber wenn es wichtig wird und Sie Ihren Zuhörern Ihre Wertschätzung vermitteln möchten, dann sollten Sie sie anschauen. Durch den Blickkontakt nämlich machen Sie aus einem Monolog einen Dialog, selbst wenn keine Fragen gestellt werden. Es reicht bereits, dass Sie die Reaktionen Ihres Publikums – ein Stirnrunzeln, ein Lächeln oder ein zustimmendes Kopfnicken – wahrnehmen, damit sich Ihre Zuhörer eingebunden fühlen. Noch besser ist natürlich, wenn Sie auf die Reaktionen sogar noch eingehen,

*Tipp*

Wie Sie im Abschnitt »Der Körper führt, die Stimme folgt« (siehe Seite 107) bereits erfahren haben, überträgt sich Ihre Körperhaltung und -spannung auch auf Ihre Stimme. Wenn Sie also nun den Kopf hektisch von einer Seite zur anderen bewegen, um möglichst immer Ihre gesamten Zuhörer im Blick zu haben, dann »leidet« Ihre Stimme darunter. So halten Sie zwar (vermeintlich) Blickkontakt mit Ihrem Publikum, aber persönlich angesprochen wird sich niemand fühlen.

## Ebenfalls wichtig: das Spiel mit der Körperachse

Die eigene Körperachse hilft Ihnen nicht nur beim tiefen Atmen (siehe Seite 82), sondern spielt auch beim Thema Körpersprache eine Rolle. Denn hier wird uns gern beigebracht, dass es höflich sei, sich nach vorn zu beugen, weil wir uns so auf den Zuhörer, den Gast, den Kunden zubewegen und damit unser Interesse an der Person beziehungsweise dem Gespräch bekunden. Ich habe mich schon häufig gefragt, wie die Leute, die diese Ansicht vertreten, darauf kommen. Denn ich beobachte das nicht. Sitzen beispielsweise zwei Freundinnen im Café, lehnen sie sich eher bequem nach hinten, kuscheln sich in den Sessel und haben trotzdem Interesse aneinander. Und auch wenn zwei Männer sich grinsend erzählen, dass der Nachbar seinen neuen Rasenmäher nicht anbekam, beugen sie sich dabei nicht vor, sondern lehnen sich entspannt zurück. Obwohl ich also nicht hinter der These stehe, dass man sich vorbeugen muss, um Interesse zu zeigen, finde ich die Körperachse für die Körpersprache trotzdem sehr wichtig – nämlich in folgendem Zusammenhang: Wenn Sie sich vor die Achse bewegen, treten Sie in Aktion.

Testen Sie das ruhig einmal mit einer Freundin oder einem Kollegen. Stellen Sie sich voreinander hin (das Gesicht einander zugewandt), am besten eine Armlänge voneinander entfernt. Dann bleibt einer von Ihnen in seiner Körperachse stehen, während sich der andere leicht nach vorn beugt. Derjenige, der stehen geblieben ist, wird sofort merken, dass ihm der andere nahe kommt. Kennen und mögen Sie sich, ist das kein Problem. Sind Sie sich jedoch fremd beziehungsweise unsympathisch, wird dieses Näherkommen schnell als Grenzüberschreitung betrachtet. Mit dieser Grenze spielen zum Beispiel Verliebte. Sie befinden sich hinter der eigenen Achse, bis sie sich irgendwann trauen und in Aktion treten – zum Anfassen oder Küssen. Bei den ersten Versuchen geht die aktiv gewordene Person häufig sofort wieder hinter die Achse zurück, um zu sehen, ob sie dem oder der Angebeteten damit zu nahe getreten ist. Sie merken also, dass dieses »In-Aktion-Treten« sowohl positiv als auch negativ aufgefasst werden kann.

Ist unser Gegenüber unsicher, emotional oder sogar wütend, ist es klüger, wenn wir hinter unsere Achse gehen, um ihm nicht zu nahe zu kommen. Das ist jedoch nicht als Zurückweichen zu verstehen, sondern vielmehr als ein »Ich gebe dir den Freiraum, den du gerade brauchst«. Ein Beispiel: Ich hatte im Training einmal einen Lehrer, der unter anderem eine Klasse Jugendliche unterrichtete. Einer der Jungen war schon größer als er und kräftiger sowieso, er war mit Schlägen aufgewachsen und hatte so-

mit in seinem Gehirn abgespeichert: »Ich verteidige mich, wenn mir jemand zu nahe kommt.« Wurde der Druck zu stark, dann schlug er zu. Das ist zweifelsohne nicht der richtige Weg, aber der einzige, den er bisher gelernt hatte. (Damit ist er leider kein Einzelfall.) Als besagter Lehrer einen Konflikt mit diesem Schüler hatte, wollte er zusätzlichen Druck aufbauen und hat sich dementsprechend nach vorn gebeugt. Damit aber ist er ihm zu nahe gekommen und konnte seiner Faust gerade noch ausweichen … Dem Schüler tat es hinterher unendlich leid, denn er hatte in diesem Moment vollkommen automatisch und ohne zu überlegen reagiert (zu viel Druck = Stress = Neandertalergehirn = Flucht oder Kampf = Faust geht nach vorn).
Eine ähnliche Reaktion können wir bei kleinen Kindern beobachten: Wenn Mutti sich vorbeugt (sich fast schon über den Filius beugt), um ihn zu fragen, warum er die rote Hose nicht anziehen möchte, dann wird dieser sehr wahrscheinlich trotzig reagieren. Mutti ist übermächtig, viel zu nah, und deshalb ist das Gehirn des Kindes völlig mit Abwehr beschäftigt und hat keine Kapazitäten mehr fürs Denken übrig. Wenn Sie aber als Mutter stattdessen in die Hocke gehen, haben Sie nicht nur den Vorteil, dass Sie sich auf Augenhöhe mit dem Kind befinden, sondern auch hinter der eigenen Achse sind. Nun kann Ihr Sohn nachdenken und erklären, warum er die rote Hose heute nicht tragen möchte.

*Tipp*
Konflikte eskalieren sehr leicht, wenn einer der Beteiligten sich nach vorn beugt und dem anderen dadurch zu nahe kommt. Versuchen Sie also einfach mal das Gegenteil: Wenn der wütende Chef in Ihr Büro gestürmt kommt, dann beugen Sie sich nach hinten. Und das Gleiche machen Sie,

wenn Sie kritische Gegenfragen zu Ihrer Präsentation bekommen. Nehmen Sie den Druck aus der Situation, und bleiben Sie bei sich.

Das Vorbeugen kann bei einem Redner natürlich auch funktionieren. Beugt er sich auf der Bühne allerdings zu weit nach vorn, können Sie beobachten, wie sich das Publikum erst einmal nach hinten in den Stuhl lehnt, um diesem »Übergriff« zu entkommen (nur wenn die Zuhörer den Redner mögen und kennen, werden sich Einzelne ebenfalls leicht nach vorn beugen). Selbst bei einem Moderator im Fernsehen haben wir das Gefühl, dass er uns zu nahe kommt, wenn er sich vorbeugt – zumindest wenn wir ihn nicht mögen. Dieses Spiel mit der eigenen Körperachse können Sie übrigens wunderbar bei Barack Obama beobachten: Er beugt sich ab und zu nach vorn – verleiht seinen Worten damit Nachdruck – und geht dann wieder nach hinten. Probieren auch Sie das einmal aus, und registrieren Sie bewusst die unterschiedlichen Reaktionen.

## Status – warum weniger manchmal mehr ist

Kennen Sie Julia Leischik? Die blonde Detektivin und Moderatorin sucht in ihrer RTL-Vorabendserie »Vermisst« geliebte Menschen, die spurlos verschwunden sind. In unserem Zusammenhang interessant an dieser Sendung sind jedoch weniger die stets tränenreich endenden Fälle, sondern vielmehr die Haltung, die Julia Leischik bei ihren Nachforschungen einnimmt. Sie steht stets vornübergebeugt da und sieht aus, als wolle sie einen Knicks machen. Und wenn sie geht, dann wirkt es, als würde sie den Fußboden nach Geld absuchen.

Ich habe mich die ersten Male, als ich die Sendung gesehen habe, gefragt, warum sie das tut. Denn als Moderatorin hätte sie eigentlich ausreichend Gelegenheit, sich selbst beim Gehen und Reden zu beobachten, und müsste erkennen, wie sie wirkt. Aber dann wurde mir klar, dass sie das absichtlich tut. Denn auf ihrer Suche nach Vermissten klopft sie an viele Türen und bittet um sehr private Informationen.

Stellen Sie sich vor, es klingelt an Ihrer Tür. Sie öffnen, und plötzlich steht ein ganzes Kamerateam samt Scheinwerfer, der Sie blendet, vor Ihnen. Ihr erster Impuls ist da vermutlich – wie bei den meisten – erschrocken zurückzuweichen und die Tür sofort wieder zu schließen. Doch dann steht Julia Leischik da. Sie strahlt die pure Hilflosigkeit aus und weckt so das Helfersyndrom in jedem »Türöffner« – der ihr bereitwillig erzählt, dass er den Gesuchten kennt, und ihr zudem auch gleich noch dessen neue Adresse verrät.

Was meinen Sie, würde man einer anderen Moderatorin ebenso bereitwillig Auskunft geben? Zum Beispiel der selbstbewussten Sonja Zietlow mit ihrem kecken Grinsen und der kerzengeraden Haltung? Vermutlich nicht, denn es sind gerade Julia Leischiks hilflose Art und ihr »Dackelblick«, der ihr nicht nur Tür und Tor, sondern auch die Herzen der Befragten öffnet. (Falls Sie beide Damen nicht kennen, stellen Sie sich stattdessen einfach Woody Allen im Vergleich zu Clint Eastwood vor.)

Jetzt wundern Sie sich vielleicht, warum ich Ihnen das alles erzähle. Ich verrate es Ihnen: In Bezug auf die Körpersprache sprechen wir in diesem Zusammenhang von Status. Und in der Regel versuchen wir, unseren Anliegen, Forderungen oder Argumenten durch einen hohen Status, also durch eine entsprechende Körpersprache, möglichst viel Nachdruck zu verleihen und sie so durchzusetzen. Dazu gehören sicherer Stand, dynamische Gesten, fester Blick – meist leicht von oben nach unten –, bestimmter Gesichtsausdruck, entspannte, souveräne Körperhaltung. Was ich Ihnen mit diesem Beispiel aber bewusst machen will, ist, dass ein starkes Auftreten, ein hoher Status nicht immer sinnvoll ist.

In manchen Situationen erreichen Sie Ihr Ziel besser oder zumindest schneller, wenn Sie einen niedrigeren Status einnehmen – so wie Julia Leischik bei ihrer Vermisstensuche.
Geben Sie es zu, meine Damen, auch Sie, wir alle haben wohl schon einmal davon Gebrauch gemacht, wenn wir unseren Herzallerliebsten dazu bringen wollten, unser Fahrrad zu reparieren oder eine neue Software auf unserem Computer zu installieren: Kinn runter, Kopf leicht senken, Schultern fallen lassen und von unten nach oben schauen. Der Mann merkt sofort, dass wir vollkommen hilflos sind, und wird – zumindest meistens – nur allzu gern den Retter spielen.
Aber so weit müssen Sie im Berufsleben meist gar nicht gehen, zumal das auf Dauer auch Ihrem Image schaden würde. Oft reicht es schon, sich in einem Gespräch, einem Meeting oder einer Verhandlung einfach etwas zurückzunehmen und dem anderen für einen Moment (oder zwei) die Bühne zu überlassen. Sofern Sie Ihr Ziel dabei nicht aus den Augen verlieren, vergeben Sie sich nichts. Ganz im Gegenteil, Sie entspannen die Situation und verbessern die Gesprächsatmosphäre, weil Ihre Gesprächspartner Ihnen auf Augenhöhe begegnen oder sich sogar im Hochstatus entspannen können (da klar ist, dass Sie ihnen diesen nicht streitig machen). Das kann Ihrem Anliegen letztlich sehr viel dienlicher sein, als permanent auf Ihrem Hochstatus zu beharren.
Es gilt also auch hier: Nehmen Sie sich selbst bewusst wahr. Fragen Sie Freunde und Kollegen, wie Sie auftreten, und fragen Sie sich selbst, welchen Status Sie bevorzugen. Begegnen Sie anderen gern in aufrechter Haltung oder lieber leicht und bequem gebückt? Geben Sie anderen zur Begrüßung einen sehr kräftigen oder eher leichten Händedruck? Schauen Sie jemandem bei einem Gespräch in die Augen, oder vermeiden Sie manchmal den Blickkontakt? Betreten Sie einen Raum lieber selbstsicher und tun so, als wüssten Sie genau, was hier gerade passiert, oder schauen Sie eher vorsichtig nach, ob Sie hier richtig sind?

Wir haben vermutlich alle den Onkel vor Augen, der bei jeder Familienfeier einen Witz nach dem anderen reißt, nur über sich selbst redet und seinen Hochstatus extrem auslebt. Natürlich ist er lustig, aber nicht den gesamten Nachmittag über. Ich wiederhole mich: Nichts ist so gut, dass Sie es immer machen sollten. Ebenso sind wir irgendwann von der Tante genervt, die ständig über ihre Krankheiten redet und darüber, wie sie von allen nur ausgenutzt wird. Am Anfang haben wir noch Mitleid, aber irgendwann fällt uns das zunehmend schwerer. Hilfreich ist deshalb, sich mit den verschiedenen Wirkungen eines Status sowie dem eigenen bevorzugten Status auseinanderzusetzen, um Kommunikationssituationen besser zu verstehen.

Menschen im Hochstatus zeigen in der Regel folgendes Verhalten:
- Sie stehen mit beiden Füßen fest auf dem Boden.
- Sie halten ihre Schultern gerade.
- Sie formulieren vollständige Sätze und sprechen auf Punkt.
- Sie halten Augenkontakt und zwinkern wenig.
- Sie berühren ihren Kopf nicht mit den Händen.
- Sie halten den Kopf still.
- Ihr Kinn ist leicht erhöht.
- Sie machen eine Pause, bevor sie antworten.
- Sie besitzen eine ruhige, raumgreifende Körpersprache.

Menschen im Tiefstatus zeigen dagegen häufig dieses Verhalten:
- Sie winkeln einen Fuß an (unsicherer Stand).
- Sie knicken die Hüfte ab (typisch für manche Frauen).
- Ihre Schultern fallen nach vorn.
- Sie reden in unvollständigen Sätzen – ohne Punkt und Komma.
- Sie schaffen es nicht, Augenkontakt zu halten.
- Sie bewegen häufig den Kopf und senken das Kinn.

- Ihre Hände berühren häufig den Kopf und den Oberkörper (durchs Haar fahren, mit dem Haar spielen, mit der Hand am Arm streicheln).
- Ihre Bewegungen sind häufig fahrig und wenig raumgreifend.
- Sie lassen sich wenig Zeit für ihre Antworten.

Natürlich gibt es zwischen dem Hoch- und dem Tiefstatus viele Abstufungen. Ich rate Ihnen: Variieren Sie je nach Situation, und nutzen Sie alle Möglichkeiten, die Ihnen die Körpersprache bietet.

*Tipp*

Wirken Sie auf andere Menschen oftmals leicht arrogant und wissen nicht, warum? Dann kann es sein, dass Sie Ihr Kinn zu hoch halten (wir reden hier wirklich nur über eine Nuance). Die Gründe dafür sind vielfältig, manche tun es ganz unbewusst, viele wollen dadurch ihr Doppelkinn kaschieren, und wieder andere – vor allem kleinere Menschen – tun es, um ihrem Gesprächspartner ins Gesicht zu blicken. Sehr häufig wissen diese Menschen aber nicht, dass sie dadurch, besonders wenn sie ohnehin angespannt sind, den Hochstatus ausstrahlen. Das ist auch der Grund, warum sie bei Feedback oder Kritik vergleichsweise hart angegangen werden. Denn die Menschen in ihrer Umgebung haben das Gefühl, bei ihnen richtig in die Vollen gehen zu müssen, damit dieses »arrogante A...« die Rückmeldung überhaupt wahrnimmt. Also halten Sie Ihren Kopf lieber gerade, und schauen Sie den Leuten direkt in die Augen, wenn Sie den Hochstatus nicht bewusst einsetzen möchten. Diese gerade Kopfhaltung können Sie übrigens prima üben, indem Sie ein Buch auf Ihrem Kopf balancieren, am besten vor einem Spiegel.

## Raum nehmen und Respekt zeigen – Stehen

Häufig höre ich von meinen Seminarteilnehmern, dass sie gern mit ihrem Gesprächspartner »auf Augenhöhe« kommunizieren. Dagegen ist grundsätzlich auch nichts einzuwenden, aber man darf sich dann nicht wundern, wenn man sich in einem solchen Gespräch nicht durchsetzen kann, denn man befindet sich ja auf einer Ebene. Wollen Sie also ein Gespräch oder ein Meeting leiten, etwas präsentieren oder einen Vortrag halten, empfiehlt es sich, das im Stehen zu tun (ich selbst stehe übrigens auch bei meinen Coachings, selbst wenn ich nur eine einzige Person vor mir sitzen habe). Das hat gleich mehrere Vorteile:

- Ihnen gelingt der Aufbau von Präsenz leichter, denn Sie füllen den Raum (»die Bühne«) im Stehen mehr aus. Auch das tiefe Atmen fällt Ihnen im Stehen leichter, und Sie haben mehr Platz für Ihre Engelsflügel, den Känguruschwanz oder den Hulk (siehe Seite 90 ff.). Natürlich können Sie auch im Sitzen präsent sein, aber im Stehen kostet Sie das, gerade als ungeübter Redner, einfach weniger Mühe.
- Sie haben mehr Spielraum für Bewegungen. Im Sitzen haben Sie kaum die Möglichkeit, Ihre Hände zu bewegen. Vor allem wenn Sie am Tisch sitzen, können Sie die Hände nur auf den Tisch legen oder sich zurücklehnen und sie in den Schoß legen. Dadurch ist es schwer, die Arme so zu bewegen, dass Sie damit die Stimme beeinflussen (siehe Seite 107). Kleiner Tipp: Wenn Sie unbedingt sitzen bleiben möchten, dann setzen Sie sich leicht seitlich zum Tisch. Dadurch können Sie mit einer Hand Notizen machen und Ihre Unterlagen hin und her schieben, aber zumindest mit der anderen Hand sowie dem Arm große, kleine, zackige oder weiche Bewegungen machen. Wenn Sie die Hände nicht brauchen, dann legen Sie sie einfach auf die Lehne, in den Schoß oder greifen sich die Kaffeetasse. Je weiter Sie vom Tisch entfernt sitzen, desto freier wer-

den Sie in Ihren Bewegungen, und desto weniger wirken Sie wie ein Schuljunge, der artig die Hände neben seinen Schreibblock legt.

- Ihre Stimme klingt entspannter, ausdrucksstärker und überzeugender, weil Sie den gesamten Körper als Resonanzraum nutzen können und dadurch mehr Volumen in der Stimme haben (das Sie sich im Sitzen und Liegen rauben). Ein Profi kann das kompensieren, denn ein Opernsänger muss auch einmal, zum Beispiel bei einer Sterbeszene, knieend, sitzend oder halb liegend singen. Aber das ist echte Schwerstarbeit und erfordert eine Menge Übung. Sie können es sich einfacher machen, indem Sie sich hinstellen.
- Sie erhalten leichter die Aufmerksamkeit der Teilnehmer beziehungsweise Zuhörer, insbesondere wenn Sie ein paar Schritte gehen (auf das Gehen komme ich gleich noch ausführlicher zu sprechen). Denn sobald Sie sich bewegen, schauen die anderen Sie automatisch an. Sie können das beobachten, wenn während eines Vortrags unvermittelt jemand aufsteht, um auf die Toilette zu gehen. Er kann das noch so leise und unauffällig tun, Sie (und fast alle anderen) gucken trotzdem hin. Zwar wenden Sie sich in der Regel gleich wieder dem Redner zu, aber Ihre Aufmerksamkeit ist kurz abgelenkt – weil sich irgendwo im Raum etwas bewegt hat. Diesen »Reflex« können Sie natürlich auch nutzen, um die Aufmerksamkeit einer Gruppe bewusst auf sich zu lenken.
- Da Sie im Stehen mehr Raum einnehmen, wirken Sie automatisch dominanter (wobei Dominanz in diesem Zusammenhang nicht negativ zu sehen ist) und können so ein Gespräch oder eine Diskussion besser lenken und strukturieren. Sie haben weniger Schwierigkeiten, jemandem das Wort zu erteilen, in einen Disput einzugreifen oder jemanden zu unterbrechen. Sie hingegen wird man nicht so schnell unterbrechen, da derjenige dazu erst einmal aufstehen müsste, um mit Ihnen auf einer Ebene zu

sein. Das aber wird er sich gut überlegen, denn aus einer Gruppe »auszubrechen«, zum Beispiel um mit Ihnen zu diskutieren, ist aufgrund der bereits erwähnten Gruppendynamik nicht so einfach.
Und bitte sagen Sie jetzt nicht: »Es ist aber bei uns nicht üblich, in einem Meeting aufzustehen.« Denn darauf gibt es in diesem Fall nur eine Antwort: »Dann fangen Sie damit an!«

*Tipp*
Es ist auch ein Zeichen des Respekts, wenn Sie aufstehen, um in einer Diskussion/einem Meeting etwas zu sagen, da die übrigen Teilnehmer Sie so nicht nur besser hören, sondern auch sehen können. Und daran sollte Ihnen schon aus purem Eigennutz gelegen sein, denn wenn man Sie nicht sehen (und darüber hinaus vielleicht nur schlecht hören) kann, verlieren Sie schneller die Aufmerksamkeit Ihrer Zuhörer. Sie geben ihnen so gar nicht erst die Chance, Ihren Ausführungen und Argumenten zu folgen.
Waren Sie schon einmal auf einem Netzwerktreffen, die dank XING und anderen sozialen Netzwerken immer mehr in Mode kommen (oder auch auf einer ähnlichen Veranstaltung)? Dort werden die »Neuen« immer zu Beginn gebeten, sich kurz vorzustellen. Und was passiert? Kaum jemand traut sich, aufzustehen und kurz ein paar Sätze zu seiner Person zu sagen. Die meisten sinken verschämt auf ihrem Stuhl in sich zusammen und stammeln ein paar Worte. Eine solche Vorstellung ist aber buchstäblich für die Katz – niemand wird Sie wahrnehmen. Und das, obwohl es ja eigentlich gerade der Sinn einer solchen Veranstaltung ist, neue Kontakte zu knüpfen.

Und falls Sie sich jetzt fragen, wie man »richtig« steht: Ein richtiges Stehen gibt es nicht. Stehen Sie mit dem Känguruschwanz besonders bequem, dann nutzen Sie dieses Bild. Wenn Sie sich gern nach vorn auf die Rückenlehne Ihres Stuhls lehnen, ist auch das ab und an erlaubt, aber tun Sie es bitte nicht ständig, da Sie dadurch der Gruppe zu wenig Raum lassen (Vorbeugen = in Aktion treten, siehe Seite 115 ff.). Sie können sich auch seitlich gegen das Flipchart lehnen, auf beiden Beinen stehen (Hulk) oder ein Bein anwinkeln. Finden Sie einfach eine Position, in der Sie sich wohlfühlen.

## »Wunderwaffe« Gehen

Vieles von dem, was im Abschnitt über das Stehen gesagt wurde, gilt ebenso für das Gehen (denn auch hier sitzen Sie ja nicht), insbesondere in Bezug auf Atmung, Präsenzaufbau, Stimme und Aufmerksamkeit. Auch als Rettungsanker bei einem Blackout haben Sie das Gehen bereits kennengelernt (siehe Seite 61). Doch es hilft Ihnen nicht nur, wenn Sie bereits den Faden verloren haben, sondern auch allgemein, um sich zu konzentrieren.

*Tipp*

Achtung: Das Gehen während des Redens liegt nicht jedem. Probieren Sie daher unbedingt vor einem wichtigen Gespräch oder Vortrag aus, ob es bei Ihnen den gewünschten Effekt hat oder ob es Sie eher verwirrt und ablenkt. Wichtig ist auch, dass Sie nicht ständig wie ein Tiger im Käfig hin- und herrennen, sondern dieses Mittel nur ab und zu einsetzen – sonst nerven Sie Ihre Zuhörer/Gesprächspartner damit. Zudem sollten Sie darauf achten, dass Sie beim

Gehen »Strecke machen« und nicht nur ein, zwei kleine Schritte. Denn auch das empfindet Ihr Publikum auf Dauer als nervtötend und einschläfernd.

**Herumlaufen kann Sie »retten«**

Befinden Sie sich mitten in einem wichtigen Gespräch oder einer entscheidenden Verhandlung und wollen an dieser Stelle nichts Falsches sagen, dann gehen Sie aus der Situation heraus, indem Sie vorgeben, sich noch einen Kaffee holen zu wollen, noch bestimmte Unterlagen zu benötigen oder sonst etwas zu erledigen (irgendein Vorwand findet sich immer). Sie verlassen den Raum und besorgen das, was Sie eigentlich nicht brauchen. Diese Pause in Verbindung mit der Bewegung hilft Ihnen, sich zu sammeln, Ihre Argumente noch einmal zu sortieren und eventuell auch neue zu finden. Sie werden sehen, Sie kehren gestärkt und hoch konzentriert an den Verhandlungstisch zurück. Und auch Ihrem Gesprächspartner tut eine solche Pause gut, denn sie gibt ihm Zeit, nochmals über Ihre Argumente nachzudenken.

Die Tatsache, dass wir uns beim Gehen besser konzentrieren können und oftmals kreativer sind, ist auch der Grund, warum so viele Menschen bei wichtigen Telefonaten auf- und abgehen. Tauschen wir uns mit unserer besten Freundin über den neuesten Klatsch und Tratsch aus, dann lümmeln wir auch gern bequem auf dem Sofa. Aber wenn es »um etwas geht«, dann fangen wir an zu wandern. Fragen Sie doch einmal in Ihrem Freundes- und Bekanntenkreis nach, wie viele das tun. Sie werden überrascht sein – und sollten es bewusst nutzen. Übrigens: Es funktioniert auch mit »Schnur«. Gehen Sie einfach vor Ihrem Schreibtisch auf und ab (oder dort, wo Sie das Telefon sonst stehen haben), das macht die Telefonschnur auf jeden Fall mit.

Führen Sie beruflich häufiger schwierige Telefonate mit Kunden oder Lieferanten, dann bitten Sie Ihren Chef, ein Funktelefon oder ein Headset für Sie anzuschaffen. Da Sie jetzt die richtigen Argumente dafür kennen, wird er sich Ihrem Anliegen wahrscheinlich nicht verschließen.

*Tipp*

Bestimmt kennen auch Sie diese Situation: Sie wollen Ihren Kollegen noch etwas zu den Unterlagen fragen, die er Ihnen gegeben hat. Doch als Sie vor seinem Schreibtisch (sein Büro liegt nur über den Flur) stehen, wissen Sie nicht mehr, was Sie eigentlich fragen wollten. Hier hilft das »Geh dahin zurück, woher du gekommen bist«-Phänomen. Denn auf dem Weg zurück in Ihr Büro fällt es Ihnen in den meisten Fällen wieder ein. Sie erinnern sich noch? Ist Ihr Körper im Fluss, sind es auch Ihre Gedanken (siehe Seite 61) ...

Ein weiterer Vorteil des Gehens ist, dass wir Pausen leichter aushalten, was – wie wir bereits wissen – vielen sehr schwerfällt. Bleiben Sie auf einer Stelle stehen, und zählen Sie langsam bis fünf, dann kommt Ihnen das wie eine Ewigkeit vor. Wenn Sie aber in der Zwischenzeit von A nach B und zurück gehen, dann stehen bleiben und wieder an den Gedanken anknüpfen, machen Sie unter Umständen sogar noch eine viel längere Pause, ohne dass es Ihnen so vorkommt.

**Hundert Prozent**

Darüber hinaus hilft Ihnen das Gehen nicht nur, die Aufmerksamkeit zu erlangen (siehe Seite 124), sondern sie auch zu behalten. Um Ihnen das aber erklären zu können, muss ich noch einmal auf den Aufbau unseres Gehirns zu sprechen kommen: Das menschliche Gehirn wird in verschiedene Teile unterteilt (zwei davon haben Sie bereits kennengelernt, das Denkhirn und das Neandertalerhirn) und darüber hinaus in zwei Hälften – die linke und die rechte Gehirnhälfte. Die linke Gehirnhälfte ist, grob gesagt, zuständig für Zahlen, Fakten und die Vergangenheit, die rechte für Bilder, Kreativität und die Zukunft.

*Tipp*

Sie können diese Einteilung leicht überprüfen: Beobachten Sie sich entweder selbst (in einem Spiegel) oder einen Freund bei der Beantwortung der folgenden beiden Fragen:

1. Was haben Sie vor drei Jahren zu Weihnachten geschenkt bekommen?
2. Wo sehen Sie sich in fünf Jahren?

Bei den meisten (in meinen Seminaren sind es rund achtzig Prozent) gehen die Augen bei der ersten Frage nach links, bei der zweiten nach rechts. Sollte das bei Ihnen nicht der Fall sein, machen Sie sich bitte keine Sorgen. Sie sind trotzdem völlig »normal«, nur eben die Ausnahme von der Regel.

Wollen Sie also nun hundert Prozent der Aufmerksamkeit Ihrer Zuhörer, sollten Sie mit Ihrem Vortrag, Ihrer Präsentation oder Ihrer Rede beide Gehirnhälften ansprechen. Das ist auch einer der Hauptgründe dafür, dass PowerPoint-Präsentationen sich – nach wie vor – so hoher Beliebtheit erfreuen. Denn wer kennt sie nicht, die typische Folienfolge von Bilanz – Karikatur – Gewinn- und Verlustrechnung – Bild (oder am besten beides auf einer Folie)? Doch die PowerPoint-Begeisterung nimmt langsam (und zu Recht) ab, und, was noch viel wichtiger ist, Sie schränken sich durch eine solche Präsentation nicht nur in Ihrer Bewegungsfreiheit ein, sondern geben auch viele Möglichkeiten, Ihren Vortrag aktiv zu gestalten, aus der Hand. Deshalb sollten Sie vielleicht eine andere, viel einfachere Lösung in Betracht ziehen: Gehen. Denn Sie erreichen den gleichen Effekt, indem Sie hin und her gehen. Die Augen der Zuhörer folgen Ihnen, wandern also nach links und nach rechts. Und das reicht bereits aus, um die derzeit nicht angesprochene Gehirnhälfte wieder zu aktivieren (die Blickrichtung der Augen aktiviert die jeweilige Gehirnhälfte). Die Folge: Ihre Zuhörer sind wacher, und Sie haben die gewünschten hundert Prozent Aufmerksamkeit. Das funktioniert allerdings nur, wenn Sie das Gehen, wie bereits auf Seite 126 gesagt, nur ab und an einsetzen. Also beispielsweise wenn Sie merken, dass Unruhe entsteht oder die Zuhörer müde werden.

Es ist übrigens ein Irrtum zu glauben, dass Sie mit einer PowerPoint-Präsentation mehr Sinne ansprechen als mit einem »konventionellen« Vortrag und sich die Zuhörer deshalb die Inhalte besser merken können. Denn als guter Redner bedienen Sie auch mindestens zwei Sinneskanäle, nämlich das Hören und das Sehen (und mehr sind es bei der PowerPoint-Präsentation in der Regel auch nicht) – insbesondere wenn Sie eine bildhafte Sprache verwenden und Ihrem Publikum ausreichend Zeit geben, diese zu verarbeiten. Sie sollten sich zudem generell überlegen, wie viele Sinne Sie mit Ihrem Vortrag ansprechen wollen. Je mehr davon Sie nutzen, desto anstrengender ist das für das Gehirn Ihrer Zuhörer. Sind Sie also einer von vielen Vortragenden bei einer Veranstaltung, üben Sie – im Interesse Ihres Publikums – lieber etwas Zurückhaltung.

Und bitte lassen Sie sich nicht verunsichern. In einem »normalen« Gespräch sprechen wir ganz automatisch beide Gehirnhälften an, weil wir uns sowohl in der Zukunft als auch in der

Vergangenheit bewegen, sowohl Bilder als auch nackte Zahlen und Fakten verwenden etc. Hier müssen Sie sich um diesen Aspekt in der Regel gar nicht kümmern. Bei einem sehr »einseitigen« Thema für einen Vortrag sollten Sie jedoch darüber nachdenken, die eine oder andere Wegstrecke bewusst mit einzubauen.

*Übung*

Wenn Sie während Ihres Vortrags gehen, werden Sie schnell merken, dass Sie zwangsläufig irgendwann den Blickkontakt zu Ihrem Publikum verlieren. Die erste Reaktion ist dann meist, den Kopf so weit wie möglich zu drehen, seitlich zu gehen, auf den Boden zu schauen oder nach zwei Schritten stehen zu bleiben und umzudrehen. All das sieht albern aus. Lösen Sie stattdessen den Blickkontakt kurzzeitig, und schauen Sie, während Sie weitersprechen, geradeaus gegen die Wand oder gegebenenfalls aus dem Fenster (Ihr Blick bleibt dabei stets in Augenhöhe). Da sich das im ersten Moment total komisch anfühlt – allerdings nur für Sie, Ihre Zuhörer empfinden es als völlig natürlich –, sollten Sie das vorher üben, mit Freunden oder indem Sie ein Bild in Augenhöhe an die Wand hängen, das Sie dann anschauen. Nochmals: Solange Sie mit Ihrem Blick auf Augenhöhe bleiben und ihn nicht senken, wird Ihr Publikum die Unterbrechung des Blickkontakts nicht als Abwenden interpretieren. Nur wenn Sie den Blick senken, zum Himmel schauen oder gar die Augen schließen, wird der Blickkontakt unterbrochen. Mit dem Blick auf Augenhöhe schaffen Sie es, die Aufmerksamkeit auch während des Gehens zu halten.

*Zusammenfassung: Kommunikationsfalle Körpersprache*

- Der Körper führt, und die Stimme folgt.
- Finden Sie Ihre eigene Körpersprache, indem Sie sich selbst bewusst im Privatleben wahrnehmen.
- Auch hier gilt: Nichts ist so gut, dass man es immer machen sollte, und nichts ist so schlimm, dass man es nie machen darf.
- Sorgen Sie mit einem ruhigen Blickkontakt dafür, dass Sie eine persönliche Ansprechhaltung finden und Ihre Zuhörer wahrnehmen.
- Spielen Sie mit der eigenen Körperachse, um in Aktion zu treten oder Ihrem Gegenüber mehr Raum zu geben.
- Analysieren Sie Ihren Status, und überlegen Sie vor jedem Gespräch, welcher Status hier angemessen sein könnte.
- Im Stehen können Sie leichter atmen, voluminöser sprechen, effektiver Präsenz aufbauen und die Körpersprache nutzen.
- Gehen hilft Ihnen, sich zu konzentrieren, Pausen auszuhalten, und sorgt darüber hinaus für hundertprozentige Aufmerksamkeit.

# Welcher Kommunikationstyp sind Sie?

Zum Abschluss dieses Buches möchte ich Ihnen noch eine Typologie vorstellen, die aus dem Schauspiel stammt. Sie soll Ihnen helfen, sich selbst noch bewusster wahrzunehmen, Ihre Stärken zu erkennen und anzunehmen. Zudem wird sie Ihnen möglicherweise neue Wege aufzeigen, mit Ihren Schwächen umzugehen. Lesen Sie sich dazu in einem ersten Schritt die Beschreibungen der verschiedenen Typen einfach durch – es gibt für jedes der vier Elemente einen –, und versuchen Sie herauszubekommen, welcher Kommunikationstyp Sie sind.

Beachten Sie dabei, dass Sie niemals nur ein bestimmter Typ sind, sondern immer alle Elemente in sich tragen, wenn auch in unterschiedlicher Ausprägung. Meist werden ein bis zwei Elemente dominieren, während die restlichen schwächer ausgebildet sind oder eines eventuell sogar gar nicht zum Tragen kommt. Es gibt auch Menschen, bei denen alle Elemente gleich stark ausgebildet sind, was insofern ein Vorteil ist, weil so jemand zu allen Typen leicht einen Zugang findet. Allerdings fühlen sich diese Menschen oftmals verloren, weil sie nicht wissen, wo sie hingehören. Sie befinden sich deshalb permanent auf Sinnsuche.

Natürlich sind die verschiedenen Typen der besseren Erkennbarkeit wegen in den Beschreibungen stark überzeichnet.

## Begeisternd und selbstverliebt – der Feuer-Typ

Feuer steht nicht nur für Wärme, Wohligkeit und Licht, sondern ist auch gefährlich und nahezu unkontrollierbar. Und genauso ambivalent ist der Feuer-Typ, der im wahrsten Sinne des Wortes brennt. Es ist, als würde sein ganzer Körper in Flammen stehen, ohne dass er dabei verbrennt. Kein Wunder also, dass der Feuer-Typ sich seines Körpers und jeder seiner Bewegungen absolut bewusst ist. Entsprechend ist er Präsenz pur. Wenn er die Bühne betritt, sind alle Augen nur auf ihn gerichtet – genau das Richtige für einen Feuer-Typ, der diese Aufmerksamkeit ebenso sehr genießt wie den Applaus. Und der ist ihm sicher, denn der Feuer-Typ ist eine echte Rampensau. Ihm gelingt es mühelos, bei seinem Publikum Begeisterung zu entfachen, den sprichwörtlichen Funken überspringen zu lassen (reine Sachthemen liegen ihm entsprechend weniger). Er ist der Mittelpunkt jeder Party, der Rockstar unter den vier Elementen.

Aber genau das ist auch der Grund, warum der Feuer-Typ schnell als arrogant wahrgenommen wird. Und natürlich ist er kein Team-Player. Wie auch? Die Einstellung »Ich sage, wo es langgeht, und ihr rennt« ist nun einmal nicht dazu geeignet, eine gute Zusammenarbeit mit Kollegen und Mitarbeitern zu fördern. Deshalb benötigen Vorgesetzte, bei denen dieses Element – oder auch das Element Erde beziehungsweise die Kombination Feuer/Erde – sehr stark ausgeprägt ist, einen Assistenten/Sekretär (beziehungsweise eine Assistentin/Sekretärin), der sehr stark emphatisch ist. Denn ein solcher Chef hat große Probleme, den Kontakt zu seinen Mitarbeitern zu halten und deren Bedürfnisse und Probleme zu erkennen.

Auch sollte man dem Feuer-Typen nicht in die Quere kommen. Er ist ein Choleriker, der sehr emotional reagiert und gern provoziert. Deshalb ist es nicht sinnvoll, bei einem Feuer-Typen Schutz zu suchen. Sie können sicher sein, dass die Situation eskaliert und noch mehr Ärger auf Sie wartet. Sie erinnern sich, dass manche Menschen sehr harsche Reaktionen hervorrufen (siehe Seite 122)? Der Feuer-Typ gehört definitiv dazu, da er sich stets im Hochstatus befindet. Wird er angegriffen, dann nur mit schwerem Geschütz, und nicht selten zielen diese Schläge unter die Gürtellinie.

*Der Feuer-Typ im Überblick*

Stärken: Feuer-Typen können begeistern und den Funken überspringen lassen, wodurch sie sich perfekt eignen, wenn es eine Rede zu halten gilt, eine Präsentation ansteht oder neue Ideen und Konzepte vorgestellt werden sollen.

Schwächen: Feuer-Typen reagieren bei Konflikten zu emotional und möchten stets im Mittelpunkt stehen. Auch werden sie als sehr stark wahrgenommen, was ihnen besonders heftige Kritik einbringt. Als »Rockstar« ein neues Unternehmen beziehungsweise fremdes Gebiet zu betreten kann Unwillen und Abwehrreaktionen bei den »Alteingesessenen« hervorrufen. Feuer ist kein verbindendes Element.

Umgang mit Feuer-Typen: Lassen Sie in Konflikten das Feuer ausbrennen, indem Sie sich dem Konflikt entziehen oder dem Feuer-Typen betont sachlich begegnen (Erde). Wenn Sie einen Feuer-Menschen unbedingt bei einem Event oder Projekt dabeihaben wollen, dann sagen Sie ihm, dass er eine Hauptrolle zugeteilt bekommt und dass das Gelingen allein von seinem Mitwirken abhängt. Wenn Sie dem Feuer-Typen eine Bühne bieten, fühlt er sich wohl.

So kommen Sie in Feuer: Stellen Sie sich vor, dass Sie brennen (im positiven Sinn; Sie verbrennen nicht) – wie ein Lagerfeuer, ein Kaminfeuer oder ein Flächenbrand, je nachdem, wie viel Präsenz Sie haben möchten. Reiben Sie Ihre Arme und Beine warm, stampfen Sie auf, und spüren Sie bewusst, dass Ihre äußerste Haarspitze genauso umwerfend sexy ist wie Ihr rechter kleiner Zeh in Ihrem Schuh. Sie geben in alle Richtungen Wärme ab, sowohl nach vorn als auch zur Seite, nach hinten, nach oben und nach unten. Wenn Sie gehen, hinterlassen Sie verkohlte Fußspuren. Denken Sie wirklich in diesen extremen Maßstäben an das Feuer, denn nur so erhalten Sie die gewünschte Reaktion. Haben Sie keine Angst davor, arrogant zu wirken. Das wird nur der Fall sein, wenn Sie arrogant sind. Wenn Sie Ihr Feuer aktivieren, um präsenter zu werden, hat das nichts mit Arroganz und Egoismus zu tun.

## Überzeugend, aber auf Dauer langweilig – der Erde-Typ

Mit dem Element Erde verbinden wir allgemein Stärke, Bodenständigkeit, Ursprünglichkeit und Wachstum. So verwundert es nicht, dass der Erde-Typ unglaublich überzeugend ist. Er spricht erst dann, wenn er genau weiß, was er sagen will – und natürlich spricht er auf Punkt. Der Erde-Typ ist beeindruckend, überzeugend und souverän. Er ist einer der Menschen, bei denen man sich sicher fühlt, hinter denen man sich bei Gefahr verstecken möchte. Denn er schafft es, Grenzen zu ziehen, ohne zu verletzen. Er glänzt in Verhandlungen und in schwierigen Situationen, denn die Wahrnehmung ist seine Stärke. Panik kennt er nicht. Er behält stets den Überblick und überlegt kühl, was in der jeweiligen Situation das Beste ist. Zeigt er in eine Richtung, dann gehen die Menschen dorthin. Dabei ist er keine Spur arrogant – auch wenn man ihm das manchmal unterstellt, weil er zu den Menschen gehört, die Pausen problemlos aushalten können. Darüber hinaus ist der Erde-Typ absolut zuverlässig. Planen Sie einen Umzug und bitten ihn um Hilfe, können Sie sicher sein, dass er zum vereinbarten Zeitpunkt am Treffpunkt erscheinen wird.

Allerdings wirkt so jemand schnell langweilig. Mit einer Präsentation von zehn Minuten wird der Erde-Typ alle seine Zuhörer überzeugen, eine Rede von dreißig Minuten und mehr wird sie hingegen zum Einschlafen bringen. Er entfacht keine Leidenschaft, dafür ist er nicht emotional genug. Er redet auch nicht gern über seine Gefühle. Ist Ihr Partner ein Erde-Typ, wird er oder sie Ihnen frühestens nach zwei Jahren das erste Mal sagen, dass er beziehungsweise sie Sie liebt (erwarten Sie aber bitte keine Liebesschwüre und Blumen). Und dann werden Sie das auch die nächsten zwei Jahre nicht mehr hören, denn er/sie hat es ja jetzt einmal gesagt, und damit gilt es. Genauso wie Sie sicher sein können, dass ein Erde-Typ, der die Arme ausbreitet und Sie willkommen heißt, das auch exakt so meint. Er umarmt niemanden, nur weil es gerade »schick« ist. Er umarmt Sie, weil er das möchte und weil es ihm etwas bedeutet. Der Erde-Typ ist zwar ein prima Kumpel, auf den Sie sich jederzeit verlassen können, aber er ist niemand, mit dem man nächtelang »um die Häuser« ziehen möchte. Sie erkennen das auch daran, dass er bei einer Party meist etwas abseits steht und lieber zuhört oder beobachtet (Small Talk ist ihm ein Graus). Der Erde-Typ hat trotzdem Spaß, aber das zeigt deutlich: Erde ist kein verbindendes Element. Erde-Menschen fühlen sich auch ohne viel Kommunikation wohl.

*Der Erde-Typ im Überblick*
Stärken: Erde-Typen sind ruhig, sachlich und überzeugend. Sie können als einziger Elementetyp in Konflikten überzeugen, die Wahrnehmung fällt ihnen unglaublich leicht. Erde-Typen befinden sich automatisch im Hochstatus. Sie sind der verlässliche Kumpel von nebenan.

Schwächen: Erde-Typen haben Schwierigkeiten, Small Talk zu führen, und sind nicht sonderlich emotional (Erde ist kein verbindendes Element). Sie sind diejenigen, die bei einer Party still in der Ecke stehen. Erde-Typen sind auf Dauer langweilig.

Umgang mit Erde-Typen: Zwingen Sie Erde-Typen kein oberflächliches Gespräch auf, sondern schweigen Sie stattdessen mit ihnen. Kommen Sie bei Kundengesprächen sofort auf den Punkt, und schweifen Sie nicht ab. Versuchen Sie, Ihre Inhalte möglichst sachlich zu vermitteln.

So kommen Sie in Erde: Stellen Sie sich vor, dass Sie einen großen Erdklumpen in beiden Händen halten. Nehmen Sie diesen großen Klumpen Muttererde genau wahr, und lassen Sie ihn dann fallen. Er fällt herunter und bleibt einfach liegen, nichts federt nach oder springt hoch. Und genau dort unten bleiben Sie nun auch von Ihrem Gefühl her. Wenn Sie gehen, dann schlagen Ihre Füße Wurzeln, sobald sie den Boden berühren. Nichts kann Sie so leicht umwerfen. Überlegen Sie sich jeden Satz und jede Geste, bevor Sie aktiv werden. Ihr Körper ist schwer, Ihr Blick ist schwer. Vorsicht: Bewegen Sie sich nicht wie Godzilla in einem Hollywoodstreifen. Stellen Sie sich einfach nur vor, dass Sie schwer sind, ohne schwerfällig zu wirken.

## Freude, Neugierde und Abenteuerlust – der Luft-Typ

Luft ist das genaue Gegenteil von Erde. Sie steht für die Hochatmung, für das Reden ohne Punkt und Komma und repräsentiert damit genau das, was ich in diesem Buch als »Kommunikationsfalle« bezeichnet habe. Aber lassen Sie sich davon nicht täuschen. Denn wir verbinden auch sehr viele schöne Dinge mit Luft, zum Beispiel Freiheit, Frische und Leichtigkeit. Kinder sind sehr stark mit diesem Element verbunden. Sie tun etwas – ohne groß darüber nachzudenken –, nur weil es lustig oder spannend ist. Und der erwachsene Luft-Typ hat sich ein Stück dieser Kindlichkeit bewahrt. Bei ihm muss nicht alles sinnvoll sein, sondern es kann auch einfach nur Spaß machen. Das ist seine große Stärke: Er kann seiner Fantasie freien Lauf lassen, was ihn unglaublich kreativ macht – sofern man ihn lässt. Denn leider neigen gerade wir Deutschen dazu, durch unsere Unbeweglichkeit viele gute Ideen schon im Keim zu ersticken. Natürlich braucht ein Luft-Typ jemanden, der auf die Umsetzbarkeit seiner Luftschlösser achtet, aber deswegen sollte man ihn nicht unterschätzen und ihn ernst nehmen.

Luft ist darüber hinaus ein sehr stark verbindendes und kommunikatives Element. Der Luft-Typ ist ein begnadeter Small Talker, ein echter Charmeur, der die Leute unterhält, zum Lachen bringt und dafür sorgt, dass sie miteinander ins Gespräch kommen. Mag sein, dass er nicht ganz so überzeugend wie der Erde-Typ und nicht ganz so begeisternd wie der Feuer-Typ ist, aber auch er hat eine tolle, vor allem sympathische Präsenz. Er ist darüber hinaus ein guter Beobachter und kann Situationen treffend analysieren. Zudem ist der Luft-Typ ein echter Team-Player, da er andere mit seiner eigenen Präsenz nicht an die Wand drückt, auch deren Ideen »abenteuerlich« findet und sie neugierig aufnimmt. Von Luft-Menschen können wir uns wieder etwas von der Leichtigkeit, Freude, Neugier und Abenteuerlust abgucken, die uns seit unserer Kindheit verloren gegangen ist.

Diese Unbekümmertheit lässt den Luft-Typen allerdings auch in zahlreiche Fettnäpfchen treten – was ihn jedoch nicht von seinem Weg abbringen kann. Zudem ist er genauso unberechenbar und schwer zu fassen wie sein Element. Der Luft-Typ ist im wahrsten Sinne des Wortes ein Luftikus. Er handelt häufig unkontrolliert und kann sich alle paar Minuten für etwas anderes begeistern. In schwierigen Situationen neigt der Luft-Typ zu Panik oder auch zum Schmollen – genau wie ein Kind eben.

*Der Luft-Typ im Überblick*

Stärken: Luft-Typen sind sehr kreativ und kommunikativ. Sie können grenzenlose Luftschlösser bauen, sind abenteuerlustig und nicht nachtragend. Luft-Typen können sehr wohl begeistern, auch wenn sie nie so überzeugend sein werden wie Feuer-Typen. Luft ist ein verbindendes Element, was es Luft-Typen ermöglicht, schnell Kontakt zu anderen aufzunehmen, nicht zuletzt auch deshalb, weil sie stets offen für Neues sind. Sie sehen das Leben als Spiel, und entsprechend leicht fällt es ihnen, in die Wahrnehmung zu wechseln, auch wenn diese nicht ganz so sachlich und neutral ist wie bei Erde-Typen.

Schwächen: Luft-Typen neigen zu Hochatmung, Bandwurmsätzen und kopflosem Reden ohne Punkt und Komma, wodurch die Zuhörer häufig schnell abschalten oder die Inhalte nicht verarbeiten können. Dementsprechend sind Luft-Typen nicht so überzeugend und haben weniger Präsenz. Sie wechseln schnell von einer Idee zur anderen und somit häufig auch die Meinung. Luft-Typen befinden sich im Tiefstatus.

Umgang mit Luft-Typen: Sammeln Sie die vielen kreativen Ideen des Luft-Typs, und geben Sie sie einem Erde-Typ zur Prüfung und Umsetzung. Luft-Typen lassen sich gut durch die Atmung beruhigen (Carpenter-Effekt). Genießen Sie einfach die Leichtigkeit, das Zusammensein und das Abenteuer mit der Luft, aber verlassen Sie sich nicht auf getroffene Absprachen.

So kommen Sie in Luft: Stellen Sie sich vor, dass an Ihrem ganzen Körper Heliumballons befestigt sind. Ihr Körper strebt nach oben, er möchte sich bewegen, ganz egal, ob eine Bewegung in diesem Zusammenhang Sinn ergibt oder nicht. Um die Hochatmung zu vermeiden, stellen Sie sich bitte nur vor, dass der Körper leicht ist und jede Bewegung Spaß macht, ohne die Bodenhaftung und die tiefe Atmung zu verlieren. Gerade Kinder bekommen diese Kombination wunderbar hin. Kleine Kinder sind häufig im Luft-Element und atmen trotzdem – ohne darüber nachzudenken – tief in den Bauch.

## Mitfühlend und tiefschürfend – der Wasser-Typ

Befragt nach ihren Assoziationen zum Begriff »Wasser«, antworten viele meiner Seminarteilnehmer: Meer, Wellen, Weite und Tiefe. Das charakterisiert den Wasser-Typen schon sehr gut. Seine weichen, fließenden Bewegungen erinnern in der Tat an das beständige Auf und Ab der Wellen. Auch ist der Wasser-Typ sehr stark, was man ihm aber oftmals auf den ersten Blick nicht ansieht (denken Sie nur daran, dass Wasser – langsam, aber sicher – selbst den größten Felsen zu Sand zermahlt). Sein herausstechendstes Merkmal ist aber: Der Wasser-Typ ist unglaublich emotional und mitfühlend. Er ist derjenige, zu dem man kommt, wenn man Probleme hat, derjenige, der immer ein offenes Ohr und eine Schulter zum »Ausweinen« hat. Seine Gefühlstiefe sowie seine positive und verbindliche Art prädestinieren ihn geradezu dafür.

Dieses Mitfühlen ist aber auch gleichzeitig seine größte Schwäche. Denn dem Wasser-Typen fällt es extrem schwer, Grenzen zu ziehen und Nein zu sagen. Er ist ein Mensch, der häufig nur gibt und für andere da ist, aber nur selten an sich selbst denkt. Und genau das sollten Wasser-Typen lernen, da sie sonst irgendwann nichts mehr zu geben haben. Sie sollten öfter versuchen, die Dinge an sich vorbeifließen zu lassen, anstatt sie sich zu Eigen zu machen.

Auch kommt seine »Gefühlsduselei« nicht immer gut an. Stellen Sie sich vor, Sie sind richtig wütend, und jemand sagt zu Ihnen: »Beruhig dich doch erst mal wieder. Atme tief durch, und dann finden wir gemeinsam eine Lösung.« Glauben Sie wirklich, dass ein solcher Satz zur Entspannung der Situation beiträgt? Was ebenfalls viele überrascht und oftmals auch abschreckt, ist die Tatsache, dass der Wasser-Typ nichts neutral sehen kann, sondern allem eine Bedeutung, einen tieferen Sinn beimisst. Das führt dazu, dass er Ihnen in einem ganz »normalen« Gespräch Dinge erzählt, die man sonst nur unter vier Augen besprechen würde und auch nur mit jemandem, den man sehr gut kennt. Hier zeigen sich einmal mehr die Schwierigkeiten, die Wasser-Typen im Umgang mit Grenzen haben – auch wenn es hierbei nicht um das Ziehen, sondern um das Einhalten von Grenzen geht.

*Der Wasser-Typ im Überblick*

Stärken: Mitgefühl und tiefe Emotionen sind die großen Stärken von Wasser-Typen. Sie sind zu tiefen Gefühlen fähig und dadurch auch zu tiefschürfenden Gesprächen. Sie sind sehr empathisch und lieben die Harmonie. Wasser ist ein verbindendes Element, und so können Wasser-Typen – genau wie Luft-Typen – schnell Nähe zu anderen herstellen.

Schwächen: Wasser-Typen können keine Grenzen ziehen und auch nur schwer Grenzen einhalten. Sie werden dadurch häufig als »seelischer Mülleimer« missbraucht. Sie denken zu wenig an sich selbst. Wasser-Typen reden häufig über ihre Gefühle, ohne vorher zu erkunden, ob ihr Gesprächspartner über so ein tief gehendes Thema überhaupt sprechen möchte. Sie können nicht neutral beziehungsweise sachlich sein. Wasser-Typen bringen Aussagen nicht auf den Punkt, sondern verwässern sie mit zu vielen Emotionen. Sie befinden sich dadurch im Tiefstatus. Durch ihre weiche Art heizen Wasser-Typen Konflikte oftmals zusätzlich an, statt sie zu schlichten.

Umgang mit Wasser-Typen: Ziehen Sie klare Grenzen – sowohl für sich selbst als auch für den Wasser-Typen, dem das nicht liegt. Können Sie Ihren Wasser-Gesprächspartner nicht überzeugen, hören Sie auf zu diskutieren: Er ist zu einer sachlichen Einsicht nicht fähig, und die Diskussion würde noch Stunden dauern. Verlassen Sie sich nicht auf getroffene Aussagen, da die starken Emotionen des Wasser-Typen von heute auf morgen in eine völlig andere Richtung gehen können. Wasser-Typen lassen sich hervorragend als unternehmensinterne Ansprechpartner (Coachs) einsetzen. Und wenn möglich: Genießen Sie einfach die tiefsinnigen Gespräche, und seien Sie offen für neue Ideen und Ansätze.

So kommen Sie in Wasser: Stellen Sie sich eine Welle vor. Sie überschwemmt den Strand, bleibt – gefühlt – einen Augenblick stehen und weicht dann wieder zurück. So sollten auch Ihre Bewegungen ausfallen. Bewegen Sie einen Ihrer

Arme weich zur Seite, verharren Sie einen Augenblick, und bewegen Sie ihn dann wieder zurück. Dann wiederholen Sie das mit dem anderen Arm. Stellen Sie sich vor, Sie stehen am Strand. Spüren Sie, wie das Wasser Ihre Füße umspült. Nehmen Sie den »Gluck-Gluck-Blick« ein. Ihre Augen sind dabei eine Videokamera, die sich halb über und halb unter der Wasseroberfläche befindet. Die Wellen schlagen sanft gegen Ihre Pupillen, und Sie spüren diese rhythmischen Bewegungen, die sich im ganzen Körper fortsetzen.

## Sie sind, was Sie sind – oder auch nicht

Und? Haben Sie herausgefunden, welche Elemente bei Ihnen dominieren? Dann bedenken Sie bitte, dass es sich bei dem Ergebnis um eine Momentaufnahme handelt. Es kann sich im Laufe der Zeit ändern. Auch gilt, dass kein Element besser ist als das andere. Jedes hat seine Stärken und – genau wie jede Medaille eine Kehrseite hat – seine Schwachpunkte. Genießen Sie die Stärken »Ihres« Elements beziehungsweise Ihrer Elemente, und machen Sie sich deren Schwächen bewusst. Vergegenwärtigen Sie sich dabei vor allem, dass Sie diesen Verhaltensweisen und Wesenszügen nicht hilflos ausgeliefert sind, sondern sehr wohl die Möglichkeit haben, besser damit klarzukommen. Wer sagt denn, dass Sie als ausgeprägter Feuer-Mensch in Konflikten nicht auf Ihren Erde-Anteil zurückgreifen können? Oder dass Sie als Luft-Typ nicht Ihre Erde-Vorzüge aktivieren können, um in einem wichtigen Gespräch nicht einfach draufloszuplappern? Dass Sie als Erde-Typ nicht den Luft-Typen in sich hervorholen können, wenn es darum geht, Small Talk zu führen? Dass Sie als ausgeprägter Wasser-Typ dank der Erde in Ihnen nicht trotzdem klare Grenzen ziehen können? Niemand!

Sie können sich bestimmte Elemente auch erarbeiten und zu einem Bestandteil von sich selbst machen – wenn Sie das denn möchten. Denn wenn Sie der Meinung sind, dass Sie gut mit Ihren sogenannten Fehlern leben können, ist das toll. Wenn Sie in manchen Situationen aber gern etwas mehr Variationsmöglichkeiten hätten, dann greifen Sie bewusst auf ein anderes Element zu, das Ihnen in diesem Moment helfen kann. Das bedarf zugegebenermaßen einiger Übung, aber schon allein das Wissen, dass Sie die Möglichkeit haben, zwischen den Elementen zu wechseln, und die bloße Vorstellung des jeweiligen Elements werden Ihnen zu einer entsprechenden Ansprechhaltung und Körpersprache verhelfen. Auch den Wechsel vom Hoch- in den Tiefstatus (siehe Seite 118) erreichen Sie leicht, indem Sie von Feuer und Erde (Hochstatus) in Wasser oder Luft (Tiefstatus) wechseln.

*Zusammenfassung: Kommunikationstypen*

Die Gedanken bestimmen Körpersprache und Körperspannung. Und die Körpersprache entscheidet über Ihren Stimmklang, Ihre Präsenz und Ihre Überzeugungskraft. Falls Sie mit den einzelnen Elementen starke Bilder verknüpfen können, sollten Sie damit arbeiten. Dann reicht allein das Bild von Erde, um sofort fester zu stehen, sachlicher zu denken, auf Punkt zu sprechen und ruhig zu atmen. Und da Sie wie jeder von uns ein ganz persönliches Bild im Kopf haben und eigene Emotionen damit verbinden, bleiben Sie dabei auch stets authentisch. Denn es werden immer Ihre Bewegungen und Ihre Stimme sein, die durch Ihr Bild von Wasser weicher und weiter werden. Sie versuchen nicht, etwas nachzumachen, Sie fühlen sich nur in ein Element ein und verlassen sich darauf, dass Ihr Körper den Rest übernimmt.

Daher setze ich bei meinen Trainings das Typen-Schauspiel immer dann ein, wenn die Teilnehmer und Führungskräfte authentischer wirken möchten. Haben auch Sie beim Lesen gemerkt, dass Sie mit dieser Typologie etwas anfangen können, dann hören Sie sich unter http://www.m-v.de/link/ichrede doch auch die Tracks 14 (Feuer), 15 (Erde), 16 (Luft) und 17 (Wasser) an, in denen ich noch einmal auf die einzelnen Typen eingehe. Viel Spaß dabei!

# Literaturempfehlungen

**Stimme von Kopf bis Fuß**
von Maria Höller-Zangenfeind (StudienVerlag)
*Mit der Schreibweise habe ich mich am Anfang etwas schwer getan. Aber die Inhalte finde ich sehr gut, was ich auch feststellen konnte, nachdem ich mich an die Wortwahl und die Ausdrucksweise gewöhnt hatte. Zur richtigen Atmung gehört der ganze Körper und auch zur Stimmbildung. Dies wird ausführlich beschrieben und die Hälfte des Buches besteht sogar aus Übungen.*

**Kommunikationstraining. Zwischenmenschliche Beziehungen erfolgreich gestalten.**
von Vera F. Birkenbihl (mvg Verlag)
*Frau Birkenbihl hat eine unglaubliche Art, uns das gehirn-gerechte Kommunizieren beizubringen. Es klingt alles so einfach. Und wenn Sie sich den Übungsteil und die Merkblätter zu Herzen nehmen, dann ist es auch einfach. Sie geht noch näher auf die Arbeitsweise unseres Gehirns ein und erklärt, wie wir dieses Wissen einsetzen können, um erfolgreicher und entspannter zu kommunizieren.*

**Miteinander Reden**
von Friedemann Schulz von Thun (rororo Verlag)
*Der vielzitierte Schulz von Thun. Er hat mit seinem Vier-Ohren-Modell und seinem »inneren Team« einen Meilenstein in der Kommunikation gesetzt. Ich stimme nicht mit allen Inhalten überein, finde aber sehr viele Punkte unglaublich spannend und interessant. Wie bei jedem Buch gilt: Nicht jeder Tipp ist für jeden geeignet, aber wenn Sie nur ein paar Punkte für sich mitnehmen, haben Sie schon eine Menge gewonnen.*

**Professionelle Gesprächsführung:**
**Ein praxisnahes Lese- und Übungsbuch**
von Christian-Rainer Weisbach und Petra Sonne-Neubacher (dtv/Deutscher Taschenbuch Verlag)
*Dieses Buch sehe ich eher als Nachschlagewerk. Wenn Sie sich dafür interessieren, wie Sie mit Gesprächsstörungen umgehen oder dafür, wie aktives Zuhörern wirklich funktioniert, dann finden Sie zu hier Antworten. Ein allumfassendes Buch zum Thema Kommunikation.*

**Sprechen im Beruf**
von Barbara Maria Bernhard (Obv & Hpt Verlag)
*Stimme schonen, Körperwahrnehmung schulen, Sprechübungen erlernen, Vorträge gezielt vorbereiten. Ein tolles Buch mit anschaulichen Kommunikationsübungen für alle, die sich erfolgreich in der Öffentlichkeit präsentieren wollen. Übersichtlich gegliedert, mit Skizzen und Übungstexten versehen. Das letzte Kapitel ist speziell pädagogischen und kirchlichen Berufen gewidmet. Zu diesem Buch gibt es eine CD, die das Allein-Üben vereinfacht.*

**Übungsprogramm für eine gesunde Stimme**
von Claudia Hamann (Reinhardt Verlag)
*Lehrer, Redner, Kundenberater und andere Oft-Sprecher: Tolles Übungsbuch mit ausführlichen Erklärungen zum theoretischen Hintergrund der Übungen. Es enthält sowohl einen medizinischen Exkurs und eine Liste mit Ansprechpartnern bei Stimmstörungen als auch gute Tipps für ein regelmäßiges Übungsprogramm und Stimmhygiene. Sehr schön: Progressive Muskelentspannung und emotionale Übungen zur Stimmverbesserung. Tipp: Stellen Sie sich die Übungen für den Alltag, die Ihnen am besten gefallen, in einer übersichtlichen Übungsliste zusammen.*

**Sprechertraining**
von Michael Rossié (Springer VS)
*Standardwerk des bekannten Keynote-Speakers, Sprechtrainers und Coaches. Arbeitsbuch vor allem für Berufssprecher, Mediensprecher, Redakteure am Mikrofon und Moderatoren. Auch für Pädagogen, Referenten, Dozenten, die Texte professionell präsentieren wollen. Ein Lernprogramm mit den zentralen Gestaltungsmitteln professioneller Sprecher: Wie und wo betone ich richtig? Wie schaffe ich es, authentisch und glaubwürdig, aber nicht künstlich zu klingen? Antworten finden Sie in diesem Buch mit beiliegender CD.*

**Frei sprechen**
von Michael Rossié (Springer VS)
*Der Nachfolger des Standardwerkes »Sprechertraining«. Tolles Übungsbuch für Menschen, die frei sprechen möchten. Frei sprechen vermittelt die Fähigkeit, Sätze erst im Augenblick der Rede zu formulieren, so dass Präsentationen vor der Kamera und vor der Gruppe authentischer, glaubhafter und fesselnder werden. Beschrei-*

*bung verschiedener Sprechstile, gängigen Stil-Unarten und Lösungsmöglichkeiten.*
*Wie baue ich Spannung auf? Wie begeistere ich mein Publikum? Die nachgespielten missglückten Szenen der im Preis inbegriffenen CD sind stellenweise etwas übertrieben, schaden aber nicht.*

**Reden – Handbuch der kommunikationspsychologischen Rhetorik**
von Maud Winkler und Anka Commichau
und Friedemann Schulz von Thun (rororo Verlag)
*Welchen Zweck hat mein Vortrag? Wer sind meine Rezipienten? Wie stelle ich Kontakt her? Was sind meine Werte? Ein sehr interessantes Buch mit wertvollen Inspirationen zu den Kernkompetenzen: Professionelle Auftragsklärung, Präsenz, Kontakt und Lernangebot. Obendrein finden Sie in diesem Buch Tipps und Übungen zu Selbst- und Fremdwahrnehmung und zum Umgang mit inneren und äußeren Konflikten.*

**Klardeutsch. Neuro-Rhetorik für Manager**
von Markus Reiter (Hanser Wirtschaft Verlag)
*Es gibt einige, denen die Beispiele von Markus Reiter zu oberflächlich sind. Ich persönlich fand die Ausführungen ausreichend und unglaublich spannend. Nach diesem Buch sollte jeder verstehen, warum Anglizismen in einem deutschen Vortrag eher ungünstig sind. Seine lebhaften, lustigen, praxisnahen Beispiele stützt er mit wissenschaftlichen Studien aus dem Bereich der Neurowissenschaften.*

# Über die Autorin

Isabel García, geboren 1969 in Hamburg, ist Rhetorik-Trainerin, Seminarleiterin, Rednerin und Moderatorin. Die ausgebildete Sängerin, Schauspielerin und Diplomsprecherin ist eine Expertin in allem, was das gesprochene Wort betrifft. Sie hält Vorträge zu unterschiedlichsten Themen, unter anderem über »Persönlichkeitsmarketing« oder »Kommunikationsfallen und wie man sie umgeht«. Ihre Seminare werden von Kunden wie Bertelsmann, Peek & Cloppenburg, Intercontinental Hotels Group, Commerzbank, u. v. m. gebucht. Sie lebt in Niedersachsen.

Kolumnen von Isabel García, Aktuelles und Termine für Vorträge und Seminare können Sie monatlich bekommen, wenn Sie den Newsletter auf

**https://ichrede.de/**

bestellen. Dort finden Sie auch kostenlose Podcasts. Alle offenen Termine finden Sie auch auf der Facebookseite:

**www.facebook.com/ichrede**

Darüber hinaus können Sie in diesem interaktiven Forum der Autorin direkt Fragen zum Buch stellen oder auch sonstige Fragen zum Thema Rhetorik.

Printed in France by Amazon
Brétigny-sur-Orge, FR

26461021R00093